Kleine Theologie des Als ob

Sebastian Kleinschmidt

Kleine Theologie des Als ob

claudius

essay

Wo Bewusstsein nicht gebraucht wird,
zieht es sich zurück.

William James

INHALT

Wer vom Theologischen reden will, muss auch vom Religiösen sprechen. Und wer von Religion spricht, kommt nicht umhin, die Rede auf das Göttliche zu bringen. Und auf das divinatorische Empfinden der Wirklichkeit des Unsichtbaren, auf die Glaubensfreude als eine Form geistlicher Empfänglichkeit.

Nur wie vom Höchsten sprechen? Von Gott, den niemand sehen kann und niemand sehen darf und niemand je gesehen hat? Auch Moses nicht, auch Jesaja nicht. Moses vernahm nur Gottes Stimme, Jesaja sah nur Gottes Füße. Der auferstandene Christus sagt zu Thomas, dem zweifelnden Jünger: „Selig sind, die nicht sehen und doch glauben!"

Auf dreierlei Weise kann sich der Mensch auf Gott beziehen. In Gestalt seiner Realitätsbejahung, in Gestalt seiner Realitätsverneinung, im Exempel seiner Realitätsvermutung. Als These oder Antithese oder Hypothese. Im

Modus des „Er ist“ oder des „Er ist nicht“ oder des „Als ob er ist“. Im Zustand des Glaubens, im Zustand des Unglaubens, im Status der Annahme.

Welche Art Gottesbezug beim je einzelnen Menschen vorherrscht, hängt nicht zuletzt davon ab, ob und, wenn ja, wie es in seiner Kindheit zu Berührungen mit den Gegenständen des religiösen Bewusstseins gekommen ist.

8 Ich stamme aus Schwerin, der ältesten Stadt Mecklenburgs. Hier am Dom, dem 850 Jahre alten Wahrzeichen der Stadt, war mein Vater Prediger. Hier wurde ich 1948 getauft, anderthalb Dezennien später konfirmiert und – längst hatte ich meiner Heimatstadt Ade gesagt – ein gutes Jahr vor Ende der DDR auch getraut. In der Bischofstraße 6, im Schatten der mächtigen Dommauern mit ihren riesigen Stützpfeilern habe ich die ersten drei Jahre meines Lebens verbracht. Das tägliche Läuten der Glocken war die Musik meiner frühen Kindheit. Und wenn in den Sommermonaten Gottesdienst war, konnte man von den geöffneten Fenstern der großen Pfarrwohnung aus in gedämpften Tönen die Orgel hören.

Als wir später in ein eigenes Haus an den Stadtrand zogen, inzwischen war ich vier, setzte sich meine Mutter jeden Abend vorm Schlafengehen wie unter einen Baldachin auf den unteren Rand meines Doppelstockbettes, um mit mir zu beten. Sie zeigte mir, wie man andächtig die

Hände faltet, sprach leise die Worte vor, und ich sprach sie leise nach. Es waren einfache, kindliche Verse, mal ein kurzes, mal ein längeres Gebet. Das kurze hieß: „Lieber Gott, mach mich fromm, dass ich in den Himmel komm." Und das längere lautete: „Ich bin klein, mein Herz ist rein, soll niemand drin wohnen als Jesus allein."

Bevor es ein Reden von Gott gab, gab es ein Sprechen zu Gott, ein kleines Ritual, dessen Inhalt ich nicht verstand. Was Frommsein bedeutete, was Reinsein war, sagte meine Mutter nicht. Aber es gab von nun an eine neue Adresse zum Bitten und Wünschen.

War das Beten mit meiner Mutter eine religiöse Initiation? Nein, das war sie nicht. Etwas Entscheidendes fehlte.

Die Kindergebete waren übrigens mühelos zu merken, und gut war, dass sie ein Metrum hatten und eine Melodie. Wie das Schlagen und Läuten der Domglocken. Wie das Spiel der Orgel. Alles vibrierte ein wenig, mal durch Töne, mal durch Worte. Und die zum Himmel gerichteten Worte ertönten mit der warmen Stimme meiner Mutter, auf die ich, das behütete Kind, mit meiner Kinderstimme nachfolgte. Ein Stimmenbund im Einschlafraum der Nacht.

Apropos Raum, apropos Stimme. Ein großes Wunder ist für jedes Kind das Echo. Man lernt es kennen im Wald oder an Bergseen, aber auch in endlos weiten Lagerhallen.

Wenn ich außerhalb des Gottesdienstes den Dom betrat und in den menschenleeren Raum hineinrief, gab es zwar kein Echo, doch einen rätselhaften Nachhall. Und wenn ich meine Stimme vor den hohen Mauern ausprobierte, begann sie zu wachsen. Sie wuchs förmlich über mich hinaus, stieg auf zur Empore im Westen, hoch zum Pfeifenwerk der Orgel, als wollte sie sagen, hier ist ein neuer Ton, den habt ihr noch nicht in eurem Stimmenschiff.

War hier Religiöses im Spiel? Eher nicht, aber ein Vorspiel könnte das akustische Erleben der Höhe schon gewesen sein. Angelus Silesius, der schlesische Mystiker, schrieb einmal:

> Gott ist ein Organist, wir sind sein Orgelwerk,
> sein Geist bläst jedem ein und gibt zum Ton die Stärk.

Das Imposanteste am Schweriner Dom ist sein Turm. Er ist der ganze Stolz der Stadt, mit seinen 117,5 m Höhe. Mit zwölf bin ich zum ersten Mal mit einem Freund hinaufgestiegen, und zwar weit höher, als es Normalsterblichen erlaubt ist. Nicht nur die steinerne Wendeltreppe hoch und am Geläut vorbei bis zur Aussichtsplattform, sondern über steile Leitern und schmale Bohlen an der Rückseite der vier Turmuhren vorbei bis hinein in die letzte Enge des Dachstuhls. Drinnen unter uns schwindelerregende

Tiefen, und draußen über uns nur noch das vier Meter hohe Kreuz. Es gab damals an der Stelle, bis zu der wir hochklettern konnten, noch vier verglaste Fensterluken, vor die vier Fliegerwarnlampen montiert waren. Als ich von dort oben Richtung Osten auf das gewaltige Dach des Langschiffes schaute, staunte ich, wie gekrümmt der First war, fast eine Schlangenlinie. Die Krähen und Möwen, die ich sonst von unten ansah, da sie über mir kreisten, kreisten auf einmal unter mir. Vom Wasser aus, das für mich als Segler und Kanute ein befreundetes Element war, hatte ich immer und von überallher den backsteinroten Dom sehen können – Schwerin ist ja die Stadt der sieben Seen –, und nun sah ich vom Dom aus überall das Wasser. Wie es schimmerte und glänzte und wie sich die Baumreihen und Häuserzeilen am Ufer darin spiegelten. Wie bevölkert es war von Schleppern und Kähnen, von Flößen, Jollen und Yachten. Vom näher gerückten Himmel hier oben waren die elementaren Proportionen zu sehen: Altstadt, Feldstadt, Paulsstadt, Weststadt, Schelfstadt, Werdervorstadt; Seen und Wälder, Inseln und Buchten, Gräben, Kanäle und Brücken, Straßen und Chausseen, Äcker, Wiesen und Parks. Alles das, was man von unten nicht in den Blick bekommt.

Es war ein gewaltiges Erlebnis von Raum und Tiefe, von Weite und Höhe. Ich begegnete zum ersten Mal dem vertikalen Schauer, dem, was die Philosophen das Erhabene nennen.

Doch wie stand es mit dem, zu dessen Ehre solche Kathedralen gebaut wurden? Daran dachte ich nicht. Heute, sechzig Jahre später, denke ich daran. Wie rief Jakob im 1. Buch Mose, Kapitel 28, Vers 17 aus: „Wie heilig ist diese Stätte! Hier ist nichts anderes als Gottes Haus,

und hier ist die Pforte des Himmels."

Das war gerufen, als Jakob auf dem Weg von Beerscheba nach Haran war und unter freiem Himmel Rast machte, um die Nacht zu bleiben und zu schlafen. Und von einer Himmelsleiter träumte, einer Leiter, die auf Erden stand und mit der Spitze an den Himmel rührte. Und auf der die Engel Gottes auf und nieder stiegen. Ganz oben auf der Leiter stand Gott der Herr. Und er sprach zu Jakob, dass er ihm und seinen Nachkommen das Land geben will, auf dem er liegt, und dass durch ihn und seine Nachkommen alle Geschlechter auf Erden gesegnet werden.

An vielen deutschen Kirchen steht als Inschrift über dem Portal: „Hier ist nichts, denn Gottes Haus".

Drei Jahre nach der Turmbesteigung, einem Abenteuer der Lebenshelle, machte ich Bekanntschaft mit der dunklen Seite der Existenz. Ich war gerade fünfzehn, als mein Bruder, mit dem ich aufgewachsen war, Selbstmord beging. Es war ein warmer Sommertag, und ich war von früh an auf dem Wasser gewesen. Als ich vom Bootshaus am späten Nachmittag nach Hause kam, erfuhr ich es von meiner Mutter. Es war im Keller geschehen, mit Gas, das ganze Haus roch noch danach. Mein Bruder Stefan lag unten. Oben im Zimmer die ganze Familie versammelt. Alle waren stumm. Stunden darauf sagte meine Schwägerin zu mir, wenn du willst, gehen wir zusammen hinunter zu ihm. Er lag auf den Steinen. Neben sich eine geöffnete Schachtel Salem oval und seine Brille. Als ich seinen Arm berührte, war er kalt.

Die Nacht, die kam, war meine erste Nacht, die ich allein im Kinderzimmer schlief. Ich hatte den Boden unter den Füßen verloren. Ich wurde hineingedrängt in die Tiefe der Dunkelheit, und wurde hineingedrängt in die Tiefe der Isolation. Und da kam sie hervor, die Angst, die ganze Nacht. Ich hatte große Angst zu sterben. Ich fühlte, wenn ich einschliefe, würde ich sterben. Der mit mir da im Zimmer war, das war der Tod. Der Tod als Angst, die Angst als Tod. Ich habe viel gebettelt zu Gott in dieser Nacht. Dass er mich leben lässt. Dass er vom Todesschrecken mich erlöst. War das naiv? Das war es nicht. Es geschah ja etwas, und es war etwas mit mir geschehen. Eine Öffnung, ein Hineinfallen zur Tiefe, nicht zur Tiefe außen, wie beim Domturm, sondern zur Tiefe innen, zum Unbewussten. In der Notlage, in der ich war, öffnete sich eine Tür zu einem unsichtbaren Raum der Rettung. Ich war mit einem Male in der Welt und aus der Welt zugleich, geängstigt in der einen, geborgen in der anderen. Ich hatte geglaubt, und der Glaube hatte mir geholfen. Das war die Urszene meiner Religiosität. Was vorher gefehlt hatte, war das Ergriffensein, die metaphysische Erschütterung.

Jahrzehnte später habe ich erneut eine Erfahrung mit dem Tod gemacht. Nur dass sie jetzt mich selbst anging, und zwar direkt. Es war an einem heißen Sommertag Mitte der Neunzigerjahre in Ostberlin. Man hatte bei mir in einer orthopädischen Ambulanz, die ich aufgrund von Beschwerden im linken Bein aufgesucht hatte, eine tiefe Venenthrombose entdeckt und mich per Rettungswagen in ein Krankenhaus gebracht. Es bestand die Gefahr, dass sich das Blutgerinnsel losreißt und eine Lungenembolie herbeiführt, die tödlich endet. Die Todesnähe machte mich auf eine Weise wach, wie ich es noch nie gewesen war. Als ich bei drückender Hitze im Bett der Klinik lag, mit Kompressionsverband, mit Blutverdünnern, hörte ich von morgens bis abends über Kopfhörer Maria Callas vom Recorder. Arien von Mozart, Rossini, Bellini, Puccini, Verdi. Ich entschwand, ja transzendierte in eine Klangwelt von vollkommener Schönheit. Die Stimme, der Gesang, war engelgleich und unbegreiflich. So trieb ich auf den Wellen der Musik hinein ins Einverständnis mit dem Ende, ins Ausgesöhntsein mit dem Tod. Ich habe es nicht gesucht, aber habe es gefunden. Man glaubt nicht, wie einen so etwas berühren kann. Was hier geschah, war eine Läuterung, ein Zustand des Erhobenseins, ja ein Erhebungswunder, das ein Gefühl der tiefsten Dankbarkeit bewirkte. Doch an wen den Dankeszoll entrichten? An die Menschenzöllner nicht, so viel war klar.

Womit ich wieder beim Beten wäre. Das Beten zu Gott hat zwei Quellen, große Not und starke Angst die eine, unverhoffte Freude und überquellende Dankbarkeit die andere. Dem entsprechen die zwei Grundformen, das Bittgebet und das Dankgebet. Es gibt auch noch ein Drittes, die Klage. Sie kennt kein Bitten mehr und auch kein Hoffen, sie kennt nur noch den schmerzbeladenen Ruf zu Gott. Einer der berühmtesten Klagerufe stammt von Jesus. Es ist das vierte seiner sieben letzten Worte am Kreuz. Es lautet: „Mein Gott, mein Gott, warum hast du mich verlassen?“ (Mt 27,46).

Beten gilt nicht nur im Christentum als das zentrale Phänomen der Religion, als „der Feuerherd aller Frömmigkeit“, wie Friedrich Heiler sagt. Schleiermacher, der große evangelische Religionsphilosoph, schreibt: „Fromm sein und beten, das ist eigentlich ein und dasselbe.“ Und Johann Arndt, der große evangelische Mystiker, versichert: „Ohne Gebet findet man Gott nicht; das Gebet ist ein solches Mittel, dadurch man Gott suchet und findet." Auch Ludwig Feuerbach, der radikale Kritiker des Christentums, erklärt: „Das tiefste Wesen der Religion offenbart der einfachste Akt der Religion – das Gebet."

Bei jedem Gebet stellt sich die Frage, ob es erhört wird. Was auffällt, ist, dass beim Beten unter Angst und auch beim Beten aus Beglückung diese Frage an Gewicht ver-

liert. Denn auch wenn das Gebet nicht erhört wird, wirkt es, als wäre es erhört worden. Das eine steigert die irdische Freude, das andere lindert die seelische Not. Wie ist das möglich?

Wird hier, im Falle der Not und der Angst, das Beten zu Gott zu einer Fürbitte an uns selbst, einer Bitte im Sinne von „bleib ruhig, bleib ruhig"? Und die sich dann kraft Autosuggestion erfüllt? Nein, so ist es nicht. Es reicht dem Beter ein Als-ob. Er betet, als ob sein Gebet erhört wird. Dazu passt ein Diktum Luthers. In Sachen Ora et labora gab er den Rat: „Bete, als ob alles Arbeiten nichts nützt, und arbeite, als ob alles Beten nichts nützt."

Damit ist ein Punkt berührt, den Luther nicht im Sinn hatte, den ich jedoch zur Sprache bringen möchte, fragend, versteht sich. Ich meine den Als-ob-Charakter des Religiösen überhaupt. Und das zielt weiter als nur auf die Auskunft, ob Gott unser Gebet erhört. Hier geht es um das Ganze der religiösen Welt- und Gottesrede.

Ich selbst, obwohl ein Pfarrerskind, kam schon früh in Kontakt mit der Religionskritik. Das lag wohl daran, dass es außer grundverschiedenen Pfarrerskindern auch grundverschiedene Pfarrer gibt.

Mein Vater, ich erwähnte ihn schon, ist keine ganz unbekannte Gestalt der mecklenburgischen Kirchengeschichte. Er, Karl Kleinschmidt, Jahrgang 1902, zeit seines Lebens theologisch und politisch hochumstritten, amtierte von Oktober 1934 bis zu seiner Emeritierung im Mai 1968 als dritter Domprediger in Schwerin. Er war seit 1926 Mitglied des Bundes religiöser Sozialisten und seit 1928 Mitglied der SPD. Die religiösen Sozialisten waren kirchlich gebundene Leute – sozialdemokratisch denkende Arbeiter und Angestellte, Beamte, Freiberufler, Lehrer, Ärzte und natürlich Theologen und Pastoren –, die aus christlichen Motiven mit der Arbeiterbewegung sympathisierten. August Bebels berühmtem Verdikt, Christentum und Sozialismus stünden sich gegenüber wie Feuer und Wasser, hielt Pastor Aurel von Jüchen – auch er religiöser Sozialist und seit 1935 in Diensten der mecklenburgischen Landeskirche – das Folgende entgegen: „Christentum und Sozialismus als Feuer und Wasser ist ein gutes Bild. Aus Feuer und Wasser entsteht Dampf, und Dampf treibt die schwersten Maschinen an. Der Dampf hat ein neues Zeitalter eingeleitet. Die Bewegung der religiösen Sozialisten strebt auch ein neues Zeitalter an."

Emil Fuchs, einer der geistigen Wegbereiter, schrieb in seiner Autobiografie: „Wir nannten uns Sozialisten. Wir wollten damit sagen, dass nach unserer Meinung heute keine Frömmigkeit die Frage aller Fragen umgehen könne, nämlich, wie wir diese kapitalistische Gesellschaftsordnung umwandeln könnten in eine, die der Haltung eines religiösen Menschen wirklich entspräche. Uns schien es, dass die vom Kapitalismus zertretenen Menschen und Menschenseelen deutlich genug zu Millionen am Wege lagen. Und dass für jeden Prediger des Evangeliums, jede Kirche, die hier versagte, das schwere Wort gelte: ‚Da er ihn sah, ging er vorüber.'"

Nach der Rückkehr aus amerikanischer Gefangenschaft, nach Nazi-Diktatur, Krieg und Kapitulation war mein Vater entschlossen, sich für eine sozialistische Zukunft Deutschlands einzusetzen. Und so wurde er aus Überzeugung nicht nur zu einem DDR-Patrioten der ersten Stunde, sondern auch zum Mitglied der SED. Er hatte sich im Streit zwischen Christen und Marxisten um Weg und Ziel des geschichtlichen Handelns weder ganz auf die eine noch ganz auf die andere, sondern mit vollem Herzen auf beide Seiten gestellt. Den Christen verhieß er mit Bertolt Brecht, Ernst Busch und Karl Marx den Sozialismus, den Sozialisten mit Thomas Münzer, Sebastian Bach und Jesus von Nazareth das Christentum. Darin sah er seine historische Rolle. Am Ende seiner Tage hat er mit Goethe über sich und sein Leben gesagt: „Wohl kamst du durch; so ging es allenfalls. / Mach's einer nach und breche nicht den Hals!"

So war er denn ein Doppelmissionar. Als kämpften in ihm der Verkündigungsmächte zwei: eine sakrale und eine profane. Glaubensgesteuert und von kommunitärer Sehnsucht getragen waren sie beide. Nur dass die eine mit Erleuchtung, die andere mit Verblendung verbunden war.

Aber das ist unsere heutige Sicht.

Für die damalige Erfahrung, im Krieg und nach dem Krieg, mochte es sich genau andersherum dargestellt haben, nämlich dass die Kirche verblendet gewesen war und der Sozialismus etwas Einleuchtendes hatte.

Das ruhmlose Ende der DDR, des ersten Arbeiter- und Bauernstaates auf deutschem Boden, wie die Selbstbeschreibung lautete, hat mein Vater nicht mehr erlebt. Er ist 1978 gestorben.

Zurück zum Thema Religionskritik. In der Schulzeit hielt ich mir nichts darauf zugute, Pfarrerskind zu sein. Stets war zu befürchten, als Pastorensöhnchen tituliert zu werden, dazu schien auch mein Vorname zu passen. Das Hauptproblem des Pfarrerskindes ist die Unverständlichkeit der religiösen Welt. Für die meisten Kinder existiert Gott nicht.

Mein Vater hat mich, und meine Brüder auch, so erzogen und gebildet, wie er sich selbst erzogen und gebildet hatte. Wir wurden in Kontakt gebracht mit Geist und Buchstaben des Sozialismus *und* des Christentums, der Theologie *und* des Marxismus. Zuweilen schien es, dass er bei mir mehr Ehrgeiz hatte, ein Interesse an den Erzvätern des Kommunismus als an den Erzvätern der Religion zu wecken. Er hatte offenbar nicht den Wunsch, dass einer seiner Söhne Theologe werden sollte. Manchmal spiegelte sich mir darin die Frage, die ich ihm aber nicht zu stellen wagte: Glaubst du an Gott?

Natürlich machte mir die Doppelrolle meines Vaters „philosophisch" gelegentlich zu schaffen, wenn auch auf eine abstrakte und schülerhafte Weise. Es drehte sich immer irgendwie um den Atheismus im Marxismus. Vom „Atheismus im Christentum“, wie das berühmte Buch von Ernst Bloch heißt, erfuhr ich erst, nachdem ich Philosophie zu studieren begonnen hatte. Es gab im Marxismus eine Religionskritik von prinzipieller Natur. Die ganze religiöse Fragestellung war ein historisch zwar unvermeidlicher, jedoch illusorisch verhimmelter Ausdruck einer an sich ganz anders gearteten Problematik. Wenn dem so ist, wie ich zu wissen glaubte, dann habe man sich zu entscheiden.

Marx' Religionskritik war sprachlich beeindruckend, sie hatte Feuer und Kraft. Nehmen wir nur die berühmten Stellen aus der „Einleitung zur Kritik der Hegelschen Rechtsphilosophie“, geschrieben 1843:

„Deutschlands revolutionäre Vergangenheit ist [...] die Reformation. Wie damals der Mönch, so ist es jetzt der Philosoph, in dessen Hirn die Revolution beginnt. Luther hat allerdings die Knechtschaft aus Devotion besiegt, weil er die Knechtschaft aus *Überzeugung* an ihre Stelle gesetzt hat. Er hat den Glauben an die Autorität gebrochen, weil er die Autorität des Glaubens restauriert hat. Er hat die Pfaffen in Laien verwandelt, weil er die Laien in Pfaffen verwandelt hat. Er hat den Menschen von der äußern Religiosität befreit, weil er die Religiosität zum inneren Menschen gemacht hat. Er hat den Leib von der Kette emanzipiert, weil er das Herz in Ketten gelegt. Aber, wenn der Protestantismus nicht die wahre Lösung, so war er die wahre Stellung der Aufgabe."

So klangen sie, die Fanfarenstöße des kommunistischen Anfangs, wir haben sie noch im Ohr. Diese Anfänge gingen unmittelbar aus Ludwig Feuerbachs Religionskritik hervor. Der Kommunismus wollte die Religion nicht verraten, sondern ihr Versprechen erfüllen. Er wollte sie nicht abschaffen, sondern verwirklichen. Hören wir Marx:

„Die Religion ist der Seufzer der bedrängten Kreatur, das Gemüt einer herzlosen Welt, wie sie der Geist geistloser Zustände ist. Sie ist das Opium des Volks. Die Aufhebung der Religion als des illusorischen Glücks des Volkes ist die Forderung seines wirklichen Glücks. Die Forderung, die Illusionen über seinen Zustand aufzugeben, ist die Forderung, einen Zustand aufzugeben, der der Illusionen bedarf. Die Kritik der Religion ist also im Keim die Kritik des Jammertales, dessen Heiligenschein die Religion ist.

Die Kritik hat die imaginären Blumen an der Kette zerpflückt, nicht damit der Mensch die phantasielose, trostlose Kette trage, sondern damit er die Kette abwerfe und die lebendige Blume breche. Die Kritik der Religion enttäuscht den Menschen, damit er denke, handle, seine

Wirklichkeit gestalte wie ein enttäuschter, zu Verstand gekommener Mensch, damit er sich um sich selbst und damit um seine wirkliche Sonne bewege. Die Religion ist nur die illusorische Sonne, die sich um den Menschen bewegt, solange er sich nicht um sich selbst bewegt. Es ist also die Aufgabe der Geschichte, nachdem das Jenseits der Wahrheit verschwunden ist, die Wahrheit des Diesseits zu etablieren."

Das war die Ouvertüre des Kommunismus, hochgestimmt und mitreißend. Und nun, 160 Jahre später, kennen wir auch das Lied von seinem Ende. Einem traurigen Ende, keinem tragischen. Zur Tragödie gehört, dass der untergehende Held wertmäßig über seinen Antagonisten steht. Doch die kommunistischen Streiter hatten solche Qualität nur am Anfang, nicht im Verlauf und nicht mehr am Ende, nur in der Idee, nicht in der Verwirklichung.

Die Religionskritik von Marx war nicht die einzige, die Wirkung auf mich hatte. Das Genre ist ja alt. Nehmen wir Lukrez, nehmen wir die Enzyklopädisten des 17. und 18. Jahrhunderts, nehmen wir Nietzsche, nehmen wir Freud. Ein großer Chor mit vielen Solisten, doch alle sangen dasselbe Lied: Religion ist Illusion, ist Lüge, ist Betrug und Selbstbetrug. Doch irgendwann kam ich an den Punkt, wo es auf diese Weise nicht mehr weiterging. Ich hatte den Verdacht, hier werde etwas abgewiesen, das man nicht begriffen hat. Mit Worten, die keine Saatkraft hatten, wurden Worte abgewiesen, die wie Samen keimten. Als könnten jene, die sie im Munde führten oder aufs Papier brachten, mit sehenden Augen sehen und doch nicht erkennen, und mit hörenden Ohren hören und doch nicht verstehen.

Vom Glauben habe ich zum ersten Mal etwas verstanden, als ich mit fünfunddreißig Luther richtig las. Die Bücher standen früher in der Bibliothek meines Vaters. „Luthers Werke für das christliche Haus", acht Bände, ich habe sie nach seinem Tod geerbt. Mein Vater hat in den Fünfzigerjahren selbst ein Buch über Luther geschrieben. Zwischen ihn und Münzer gestellt, hat er sich stets für Münzer entschieden. Aber mich interessierte das damals alles nicht. Als ich also ernsthaft die Werke des Reformators zu lesen anfing, das war im Lutherjahr 1983 in der DDR, hatte ich den wirklichen Wunsch, das Ganze von innen zu erkennen. Was ja nicht leicht ist in einem Zeitalter, dem es, mit Hegel zu sprechen, keinen Kummer mehr macht, von Gott nichts zu wissen. Mehrere Monate las ich nichts anderes, man hatte ja Zeit. Und am Ende hatte ich das Gefühl, von einer so mysteriösen Sache wie dem Glauben etwas verstanden zu haben. Und nicht nur das. Mir kam der Gedanke, dass der Glaube eher den Unglauben begreift, als der Unglaube den Glauben.

Vieles machte mir Eindruck. Eine der schönsten Stellen war die, wo Luther die „guten Werke“ aus den reinen Quellen der evangelischen Freiheit erklärte. Luther wollte ja die guten Werke nicht abschaffen, sondern sie bloß aus den Fesseln des Gebotsgehorsams befreien. „Das mögen wir an einem gewöhnlichen, fleischlichen Exempel sehen: Wenn ein Mann oder Weib dessen gewiss ist, dass er dem anderen lieb ist und gefällt und dasselbe fest glaubt, wer lehrt sie, wie sie sich stellen, was sie tun, lassen, sagen, schweigen, denken sollen? Allein die Zuversicht lehrt sie das alles und mehr denn not ist. Da ist ihnen kein Unterschied in Werken; sie tun das große, lange, viele so gern als das kleine, kurze, wenige und dazu mit fröhlichem, friedlichem, sicherem Herzen und sind ganz freie Gesellen. Wo aber ein Zweifel an der Liebe des anderen da ist, da hebt das Suchen an nach Werken, dadurch man seine Huld erwerben könne und man geht dann mit schwerem Herzen und großer Unlust daran und ist wie ein Gefangener, mehr als halb verzweifelt und wird oft zum Narren darüber. Also ein Christenmensch, der in dieser Zuversicht gegen Gott lebt, weiß alle Dinge, die zu tun sind und tut alles das froh und frei. Nicht um viele gute Verdienste und Werke zu sammeln, sondern es ist ihm eine Lust, Gott also zu gefallen, in Lauterkeit Gott umsonst zu dienen, zufrieden, dass es Gott gefällt.“

Auch noch das Unwahrscheinlichste, nämlich das, was Luther über Gottes verborgenes Wirken in der Geschichte kundtut, ließ ich mir gesagt sein. Oft frage der Glaube, der den tiefen Zwiespalt alles menschlich-geschichtlichen Daseins und Geschehens vor sich sieht, in den unsichtbaren Hintergrund hinein: Wo ist Gott in diesem wirren Geschehen? Überall – antwortet Luther. Gott wohne nicht etwa nur in den lichten und edlen Kräften, sondern er gebe auch den wilden und dämonischen ihr Leben. Luther war nicht der Meinung, dass Gott in den großen Katastrophen der Geschichte schweige. Im Gegenteil, dort rede er. Aber vorher, wenn die Menschen noch meinen, dass alles gut geht, und übermütig werden, verharre er in zornigem Schweigen. Gottes Gericht in der Katastrophe sei immer Gericht über unsere Schuld, und zwar immer über die eine und gleiche Schuld: Vermessenheit, Selbstsucht und Undankbarkeit. An den Vermessenen bereite Gott heimlich sein Gericht vor. Luther sagt:

„Er lässt sie groß und mächtig sich erheben. Er zieht seine Kraft heraus und lässet sie nur von eigener Kraft sich aufblasen. Denn wo Menschenkraft hereingeht, da geht Gottes Kraft hinaus. Wenn nun die Blase voll ist und jedermann meinet, sie liegen oben und haben gewonnen, und sie selbst nun auch sicher sind und haben's ans Ende gebracht, dann sticht Gott ein Loch in die Blase, so ist's ganz aus. Die Narren wissen nicht, dass sie eben während sie aufgehen und stark werden, sie von Gott verlassen sind und Gottes Arm nicht bei ihnen ist. Darum währet ihr Ding seine Zeit; danach verschwindet es wie eine Wasserblase, wird als wäre es nie gewesen."

Ist es dem Kommunismus nicht so ergangen, ist er nicht wie eine löchrige Blase in sich zusammengefallen? War es nicht geradezu das Wunder einer Implosion?

Wer sich heute der Revolution von 1989 erinnert, einer Revolution, die nicht nur das Ende des kommunistischen Zeitalters bedeutete, sondern auch den Weg frei machte zur Wiedervereinigung des zweigeteilten Deutschland, der kommt nicht umhin, stets aufs Neue darüber zu staunen, dass dies alles friedlich und ohne jene Schrecken vonstattenging, die mit Revolutionen, mit der Leidenschaft ekstatischer Massen, ihrer Empörung, ihrer kollektiven Gewalt, ihrer geistigen Bedenkenlosigkeit üblicherweise verbunden sind. Wo gab es je so einsichtsvolle, sanftmütige, disziplinierte und höfliche Revolutionäre? Und wo gab es je ein so demütiges und geräuschloses Abtreten von Staaten, ein so widerstandsloses Sich-Fügen ins geschichtliche Abtreten, wo ein derartiges In-sich-Zusammensinken von Macht? Und vergessen wir nicht, diese Macht war kein nur ins Agitieren, Propagieren und Dekretieren verliebter Orden gläubiger Parteisekretäre, das war ein von

Waffen starrendes, alle Kommandohöhen der Gesellschaft besetzt haltendes Regime, das niemandem gestattete, es zur Rede zu stellen. Dass wir ihres gewaltlosen Endes ansichtig werden durften auf der Bühne der Geschichte, einer Bühne, auf der es normalerweise ohne Blut und Tränen nicht abzugehen pflegt, ist ein Glück.

Und Glück ist in diesem Fall nur ein anderes Wort für

Ausnahme. Zur Ausnahme gehört es, dass sie unvorstellbar ist. Und was nicht vorstellbar ist, das ist auch nicht voraussehbar. Ein solches Ende des Kommunismus, dieses ökonomischen und moralischen Irrwegs, hat niemand vorausgesehen, nicht seine Anhänger und nicht seine Gegner. Lädt es nicht förmlich ein zur theologischen Betrachtung? Denn was in der Geschichte der Ausnahmefall, ist in der Religion das Wunder.

War es nicht ein Wunder, dass Gorbatschow vier Jahre vor dem annus mirabilis zum Generalsekretär der KPdSU gewählt worden war? Er kam als Reformator des Kommunismus, und er wurde zu seinem Totengräber. Er wollte demonstrieren, dass Kommunismus und Freiheit zu vereinen sind, und er bewies das Gegenteil. So wurde er wider Willen zum Helden des Rückzugs. War es nicht ein Wunder, dass Armee und Polizei während der Massendemonstrationen im Oktober in Dresden und Leipzig und beim Erstürmen der Stasizentrale im Januar in Berlin nicht eingegriffen haben? Bewaffnete Kräfte, einschließlich der über eine halbe Million in der DDR stationierten Sowjetsoldaten, die doch darauf vereidigt waren, dass ihre höchste Pflicht darin bestehe, die Macht des sozialistischen Staates mit allen Mitteln zu schützen.

Wie war es möglich, dass das alles gut ging? Hat jemand die Hand darüber gehalten? Aber welcher Historiker glaubt so etwas? Die Wissenschaft steht aufseiten
Athens, nicht aufseiten Jerusalems. Man freundet sich bestenfalls an mit einem Als-ob. Als ob jemand die Hand darüber gehalten hätte. Als ob das alles ein Wunder gewesen wäre.

Aber so ist es: Geschichtstheologie ist für die Wissenschaft ein Irrealis. Und das nicht zu Unrecht. Wissenschaft gründet auf einem atheistischen Wirklichkeitsbegriff. Und Philosophie? Zugegeben, es gibt den Gott der Philosophen. Aber religiöse Menschen ahnen, dass das nicht der Gott Abrahams, Isaaks und Jakobs ist. Heidegger meinte sogar, Philosophie sei ein Handaufheben gegen Gott. Er sagt: „Der Philosoph glaubt nicht." Aber Wissenschaft und Philosophie sind nicht die einzigen Räume der Wahrheit, auch nicht der Wahrheit der Geschichte. Jeder Mensch denkt über Geschichte nach und versucht sie zu verstehen. Und jeder Mensch hat das Recht, so über sie zu sprechen, wie er sie versteht. Geschichte ist mehr als nur ein Forschungsgegenstand für Leute vom Fach. Sie ist schließlich unser gemeinsames Schicksal, wir alle sind an ihr beteiligt, als Subjekte und als Objekte. Aber den einen ist sie ein Segen und den anderen ein Fluch, die einen erfahren durch sie Gerechtigkeit und die anderen Ungerechtigkeit, die einen macht sie zu Siegern und die anderen zu Besiegten. Geschichte als Schicksal ist zwar für uns alle

etwas Gemeinsames, aber aus ihr ergibt sich kein für uns alle gemeinsamer Sinn.

Was bleibt dann von ihrer theologischen Betrachtung? Ich rede nicht von Carl Schmitt und nicht von Walter Benjamin, jenen beiden, die wie keine anderen dazu befähigt waren, noch die radikalsten Säkularismen in der Begriffswelt von Staat und Recht, von Philosophie und Politik auf ihre verborgenen theologischen Ursprünge zurückzuführen. Ich spreche von uns, den skeptischen Zeitgenossen der entgötterten Welt. Für uns bleibt wohl nur jenes Als-ob. Sein Modus ist nicht der buchstäbliche religiöse Sinn, sondern der übertragene, eine Art Gottestreue in Zeiten von Anfechtung und Glaubensferne. Und das wäre nicht wenig.

Kehren wir noch einmal zurück zum Kommunismus und seinem glücklichen Ende. Hegel, unser größter Geschichtsdenker, sagte einmal, die Weltgeschichte ist nicht der Boden des Glücks. Die Perioden des Glücks sind leere

Blätter in ihr. Wie wohltuend, dass er hier einmal irrte. Und wie wohltuend auch, dass er *nicht* irrte, als er sagte: „Geschichte ist Fortschritt im Bewusstsein der Freiheit."

Das ist sie gewesen im Herbst 1989, aber sie ist es nicht immer und wird es nicht immer sein. Und gerade bei denen war sie es nicht, die ihre Bühne einst in ihrem Namen betreten hatten. Die Marxisten waren davon überzeugt, erstmals philosophisches Licht ins Dunkel der Geschichte gebracht zu haben, und so verhießen sie einer nach Diesseitserlösung hungrigen Welt, dass nunmehr ein Zeitalter beginne, in dem der Mensch Geschichte mit Bewusstsein vollzieht, dass die Vorgeschichte der Menschheit zu Ende ist und ihre eigentliche Geschichte nun anfängt.

Und hier, am Punkte der äußersten Utopie, der zugleich der Punkt der höchsten Verblendung ist, können wir vielleicht doch ein Körnchen Wahrheit in der Geschichtstheologie entdecken: nämlich dass Menschen Geschichte nicht nach Einsicht und Plan machen können, dass das Anmaßung ist, Hybris, eine besonders vermessene Form moderner Selbstermächtigung. Der Mensch ist nicht berufen, sich zum Herrn der Geschichte aufzuschwingen, er kann sie nicht an sich reißen. Und wenn er es doch versucht, in wessen Namen auch immer, so wird sich erweisen, dass es nicht die Geschichte war, die er an sich riss, sondern lediglich die Macht. Und so kommt er zu Fall. Als hätte Gott die Geschichte zum Prüffeld für den Menschen gemacht.

Über dreißig Jahre ist es nun her, dass die Ära des Kommunismus zu Ende ging. Was damit trotz gegenteiliger Prognosen nicht zu Ende war, ist der Fortgang der Geschichte selbst. Und auch nicht dessen bedrohlichste Gestalt, die des Krieges zwischen Staaten, Staatenblöcken, Ethnien und Nationen, Bürgerkriege inbegriffen. Frieden ist, nachdem wir es in den Neunzigerjahren im ehemaligen Jugoslawien sahen und seit dem 24. Februar 2022 in der Ukraine auf erschütternde Weise wieder sehen, auch in Europa kein geostrategischer Naturzustand. Der Kampf für und gegen bestehende Hegemonien, für und gegen die moralischen Grundlagen gegebener Staats- und Gesellschaftsformen wird nie an ein Ende kommen. Er ist der politische Inhalt der Weltgeschichte und erschafft ihre Zäsuren.

Auf der von zwei Seiten beleuchteten Altarwand der Schifferkirche in Ahrenshoop steht in großen goldenen Lettern das Jesus-Wort geschrieben: „Ich bin der Weg und die Wahrheit und das Leben; niemand kommt zum Vater denn durch mich.“ Dieser so einfache und doch rätselvolle Satz aus dem Johannesevangelium klingt ungewöhnlich für unser Ohr, weil in ihm die Wahrheit zu einer Person, einer Gestalt gemacht wird. Aber genau das ist es, worum es im Christentum geht: Wahrheit sagen, Wahrheit leben, Wahrheit tun. Biblisch verstanden ist Wahrheit keine Frage des Erkennens, keine Frage der Richtigkeit oder Falschheit von Aussage, Meinung, Urteil, Argument oder Beweis. Wahrheit im biblischen Sinne bedeutet: sich zeigende Kraft, gültige, beständige, verlässliche Wirklichkeit. Eine Wirklichkeit *in* Personen und *zwischen* Personen. Nicht immer sichtbar, nicht immer fühlbar und dennoch etwas, auf das man baut und woran man sich hält, worum man bittet und worum man fürchtet.

Der tiefste Seinsgrund dieser Wahrheit ist die Liebe, man sollte sagen die Gotteswirklichkeit der Liebe. Was aber ist Liebe? Luther sagt: „Liebe heißt auf Deutsch (wie jedermann weiß) nichts anderes als einem von Herzen günstig und hold sein und alle Güte und Freundschaft erbieten und erzeigen.“

Im 1. Johannesbrief heißt es: „Gott ist die Liebe; und wer in der Liebe bleibt, der bleibt in Gott und Gott in ihm.“

Schauen wir uns um in dem kleinen, schlichten Gotteshaus. Wir sehen sie hier an Drähten von der Decke hängen, jene auf das Licht hinter dem Altar, auf das „Ich bin der Weg und die Wahrheit und das Leben“ ewig zufahrenden drei Schiffe der Christenheit, wie sie Kapitän Heinrich Voß vor siebzig Jahren als Votivgaben für das Kircheninnere gebaut und gestiftet hat. Vorn rechts die Bark „Hoffnung“, dahinter die Brigg „Glaube“ und vorn links den Gaffelschoner „Liebe“, diesen stolzen, fast vollständig aufgetakelten Dreimaster mit weißem Rumpf und grünem Unterboden. Das ist ein der Liebe würdiges Schiff, geschmückt mit den weißen Segeln der Aufrichtigkeit.

Diese drei, und dazu noch hinten links das vierte, die aus Kleiderbügeln gefertigte Brigantine „Frieden“, schwimmen gleichsam im Trockendock der Luft, von keinem Windhauch und keiner Dünung bewegt. Das ist natürlich nicht die volle Realität der Seefahrt, auch nicht des Lebens und schon gar nicht der Religion. Ihrer aller Wirklichkeit kommt man erst näher im Unwetter, im Sturm, im Tosen der Elemente, wenn wir und unser armes Ich tatsächlich einmal durcheinandergerüttelt werden. Es gibt keine Ruhe im Glauben, in der Hoffnung, in der Liebe, die nicht eine Ruhe vor dem Sturm oder eine Ruhe nach dem Sturm wäre. Wie oft wird das vergessen. Wer in geruhsamen, gewissermaßen ungeläuterten Zeiten von Religion spricht, der sollte wissen, dass in der Flaute die Wahrheit des Windes nicht zu haben ist. Doch in Zeiten des Sturms sieht auch diese Welt anders aus. Denken wir an Kapitän Mac Whirr in Joseph Conrads Roman „Taifun". Er ist wortkarg, unberedt, ja schweigsam, kaum dass außer Dienstanweisungen und Befehlen etwas über seine Lippen kommt. Aber in der Nacht, da der Sturm über das Schiff hereinbrach und die Wasserwände haushoch und zum jähen Niederfall bereit die in Seenot geratene Nan-Shan umstehen und zu zerschmettern drohen, entringen sich seiner Brust die Worte: „Ich möchte sie nicht gern verlieren."

Das übrigens ist der Moment, wo ein Fahrensmann Gott verspricht, dass er ihm ein Schiff schenken werde, sollte er jemals wieder heil nach Hause kommen. Und der nächsten Kirche, die er erreicht, stiftet er ein selbst gebautes Modellschiff. Ein solches Schiff heißt Votivschiff. Das Wort ist abgeleitet aus dem lateinischen votum und bedeutet Gelübde. Und so wird es auch bei Kapitän Heinrich Voß aus Ahrenshoop und seiner Heimatkirche gewesen sein.

Zurück zum Sprechen, zurück zu den Worten. Bewegendes Sprechen kommt aus der Bewegtheit des Herzens. So war es auch bei Paulus, dem wirkmächtigsten Apostel des Christentums. Es war die Liebe, die ihm die Worte einer Religion der Liebe eingab. Ungeheuchelte Worte einer ungeheuchelten Liebe.

Wer war Paulus? Paulus war ein durch Offenbarung zum Glauben an den gekreuzigten und auferweckten Messias bekehrter Jude, ein Konvertit, ein Umgewendeter. Auf Caravaggios berühmtem Gemälde „Die Bekehrung des heiligen Paulus“ von 1601, zu sehen in der Kirche Santa Maria del Popolo in Rom, spüren wir förmlich die Wucht der Vision, durch die der Christusverfolger vom hereinbrechenden Licht zu Boden geworfen wird. Wir sehen Paulus mit furchtsam in die Höhe gestreckten Armen wie gelähmt auf dem Rücken liegen, während das sanfte dunkle Auge des mächtig über ihm aufragenden Pferdes ahnungsvoll den gefallenen und jählings erblindeten Reiter mustert. Das Tier sieht die Bekehrung, ehe noch Paulus ihrer innegeworden ist. Und vielleicht sieht es auch, dass Konversionen nicht aus dem Tun, sondern dem Lassen erwachsen, nicht aus einer unwiderruflichen Entscheidung zu handeln, sondern einem ermutigenden Akt des Nachgebens. So wie Jesus es lehrte.

Mit Paulus beginnt die eigentliche Theologie des Christentums. Von allen Erzählungen über seine Bekehrung ist die schönste die aus der mittelalterlichen „Legenda aurea" des Predigermönchs Jakob von Varago. Dort heißt es:

„Warum aber der Tag seiner Bekehrung von der Christenheit mehr geehrt wird, als der anderer Heiliger, des finden wir drei Ursachen. Die erste ist, dass kein Sünder an Gottes Erbarmen verzweifle, sondern sich ein Beispiel nehme an dem großen Sünder, der hernach zu solchen Gnaden ist gekommen. Das andere ist die Freude, welche die Christenheit von seiner Bekehrung empfing, da sie zuvor so sehr betrübet war durch seine Verfolgung. Das dritte ist das große Wunder, das Gott an ihm wirkte, da er aus seinem grimmigen Verfolger machte seinen getreuesten Prediger."

Konvertiten sind nicht immer wohlgelitten. Es ist nicht nach jedermanns Geschmack, Wahrheiten aus der Hand von Bekehrten gereicht zu bekommen. Man denkt sich: Der ehemals Taube spielt nun den Ohrenarzt. Aber Paulus ist ein großes Beispiel dafür, zu welch eindrucksvoller Metamorphose Menschen imstande sind, wenn sie zu der für sie richtigen Religion finden, wenn sie, wie Augustinus sagt, „durch die Eingießung des Glaubens gereinigt werden“. Es kommt zu einer grundlegenden Erneuerung der ganzen Person, es ist, als hätte sich das Bewusstsein aus seiner eigenen Gefangenschaft befreit. Eine Art Wiedergeburt, eine Art Auferstehung.

Einen Nachhall dieses Glücks vernehmen wir auch im 1. Korintherbrief, Kapitel 13, jener Epistel über der Liebe Wert, der Liebe Art, der Liebe Ewigkeit, um die es nun gehen soll. Hören wir Paulus:

„Wenn ich mit Menschen- und mit Engelszungen redete und hätte der Liebe nicht, so wäre ich ein tönend Erz oder eine klingende Schelle. Und wenn ich weissagen könnte und wüsste alle Geheimnisse und alle Erkenntnis und hätte allen Glauben, also dass ich Berge versetzte, und hätte der Liebe nicht, so wäre ich nichts. Und wenn ich alle meine Habe den Armen gäbe und ließe meinen Leib brennen und hätte der Liebe nicht, so wäre mir's nichts nütze.

Die Liebe ist langmütig und freundlich, die Liebe eifert nicht, die Liebe treibt nicht Mutwillen, sie blähet sich nicht, sie stellet sich nicht ungebärdig, sie suchet nicht das Ihre, sie lässt sich nicht erbittern, sie rechnet das Böse nicht zu, sie freuet sich nicht der Ungerechtigkeit, sie freuet sich aber der Wahrheit; sie verträgt alles, sie glaubet alles, sie hoffet alles, sie duldet alles. Die Liebe höret nimmer auf, so doch die Weissagungen aufhören werden und die Zungen aufhören werden und die Erkenntnis aufhören wird. Denn unser Wissen ist Stückwerk, und unser Weissagen ist Stückwerk. Wenn aber kommen wird das Vollkommene, so wird das Stückwerk aufhören. Da ich ein Kind war, da redete ich wie ein Kind und war klug wie ein Kind und hatte kindliche Anschläge. Da ich aber ein Mann ward, tat ich ab, was kindisch war. Wir sehen jetzt durch einen Spiegel in einem dunkeln Wort; dann aber von Angesicht zu Angesicht. Jetzt erkenne ich's stückweise; dann aber werde ich erkennen, gleichwie ich erkannt bin. Nun aber bleibt Glaube, Hoffnung, Liebe, diese drei; aber die Liebe ist die größte unter ihnen."

Das sagt ein Mann, der als pharisäischer Eiferer gegen die Urgemeinde wütete, der, wie die Apostelgeschichte erzählt, mit Drohen und Morden wider die Jünger des Herrn schnaubte, der der grausamen Steinigung des Stephanus, des ersten christlichen Märtyrers, billigend zusah. So darf wohl gesagt werden: Alles, was Paulus vor Damaskus, vor seiner Vision des auferweckten Jesus von Nazareth tat, geschah aus Treue zum jüdischen Religionsgesetz, und alles, was er nach Damaskus tat, geschah aus freiem Wiedergutmachen, aus Buße ohne Zerknirschung, aus einer durch Offenbarung ausgelösten Umkehr im Glauben.

Auch das Hohelied auf die Liebe, welches den größten Dichtern dieser Erde Ehre gemacht hätte, dieser gnostische Hymnus, welcher die Liebe Gottes meint und nicht nur die Liebe des Menschen, zeugt davon. Die Liebe nicht als Begehren, nicht als Rausch und Ekstatik der Hingabe, nicht als Affekt und nicht als Moral, schon gar nicht als Sentimentalität, sondern als Geistesgabe, als Logos, als heilige Geduld und ewiges Wachen, fast könnte man sagen als Frucht einer kosmologisch verstandenen Erlösung – diese Liebe, griechisch *agape*, dieses Band der Vollkommenheit, ist das schönste Juwel im Christentum. Sie ist die unversiegliche Quelle und ewige Substanz aller Formen der Liebe.

Aber zu dieser Wahrheit kam Paulus, der einzige unter den Aposteln, der Jesus *nicht* gekannt hat, über Irrtum und Buße. Und ein so errungener Standpunkt hat seine eigene Festigkeit, seine eigene Klarheit, ja seine eigene Unerbittlichkeit. Es ist diese Seite des Paulus, die auch in den Darstellungen Dürers, El Grecos und Rembrandts zutage tritt: ein hochgewachsener asketischer Grübler, in der Linken das Evangelium, in der Rechten ein Schwert. Aber das ist nicht das Schwert, das an den Christenverfolger erinnert, und auch nicht dasjenige, das auf die kommende Enthauptung des Märtyrers hinweist, sondern ist das Schwert des Geistes, eines Geistes gemäß dem Zeugnis des Hebräerbriefs: „Denn das Wort Gottes ist lebendig und kräftig und schärfer als jedes zweischneidige Schwert, und dringt durch, bis es scheidet Seele und Geist, auch Mark und Bein, und ist ein Richter der Gedanken und Sinne des Herzens. Und kein Geschöpf ist vor ihm verborgen, sondern es ist alles bloß und aufgedeckt vor den Augen Gottes, dem wir Rechenschaft geben müssen“ (Hebr 4,12–13).

Das Bild vom Schwert des Geistes, eindrucksvoll vergegenwärtigt auch in Ernst Barlachs „Geistkämpfer“ von 1928, jener grazilen, seitwärts auf dem Rücken eines grimmigen Tieres stehenden Engelsgestalt, die mit beiden Händen ein zum Himmel zeigendes Schwert umfasst – dieses Schwert scheint jener allverstehenden und allvermögenden Theologie der Liebe zu widersprechen, wie sie 1 Kor 13 nahelegt. Aber es geht in der Religion und auch im Christentum nicht alles in Güte, Milde, Sanftmut und Freundlichkeit auf. Mit welchen immergleichen Worten beginnen doch Luthers Kommentare zu den Zehn Geboten? „Wir sollen Gott über alle Dinge fürchten, lieben und vertrauen.“ Und auch von der Liebe sagt der Reformator, sie sei zugleich ein großer Feind und Freund, sie strafe hart und helfe süß: „Eine harte Schale, aber einen süßen Kern hat sie, bitter ist sie dem alten, aber gar süß dem neuen Menschen."

Der russische Religionsphilosoph Pawel Florenski hielt 1918, kurz nach der Errichtung der Sowjetmacht, in der Geistlichen Akademie Moskau eine Vorlesung über die Gottesfurcht. Er zitierte Psalm 34,12: „Kommet her, Kinder, höret mir zu; ich will euch die Furcht des Herrn lehren", und fuhr fort:

„Kein zeitgemäßes Wort. Doch was soll man tun. Wenn Ihr mir gestattet, zu Euch von Religion zu sprechen, die tatsächlich keine Sache dieser Zeit ist, müsst Ihr Euch mit diesem unzeitgemäßen, aber doch zur rechten Zeit gesagten, immer zur rechten Zeit gesagten Wort ‚Furcht' anfreunden. Religion ist vor allem Gottesfurcht, und wer in das Heiligtum der Religion eintreten will, der lerne das Fürchten. Mangel an Furcht ist nicht ein Zeugnis von Mut, sondern im Gegenteil von Dreistigkeit, geistiger Unbedarftheit, Unverschämtheit, feigen Naturen eigen, die sich straffrei wähnen. Wer keine Gottesfurcht kennt, weiß nichts von Religion. Er ist furchtlos, weil er das über ihm Andere für nichtig hält."

Wer die Gottesfurcht nicht kennt, kennt auch nicht die Furcht vorm eigenen Schuldigwerden. Das ist nicht nur ein Fürchten um der Strafe willen, sondern um der

Schuld selbst willen. Und die Furcht vor der Schuld als Schuld ist die eigentliche Furcht.

Die Liebe steht nicht im Gegensatz zur Gottesfurcht, auch nicht zur Furcht im Allgemeinen – Furcht, heilsame Furcht, hat immer zwei Seiten: das Sich-Fürchten vor etwas und das Fürchten um etwas. Thomas von Aquin sagt, alle Furcht werde aus der Liebe geboren, und Augustinus sagt, Furcht sei fliehende Liebe. Wir aber können auch sagen: Liebe ist bestandene Furcht. Seefahrt eben, christliche Seefahrt.

Die Liebe ist ein großes Wunder, vielleicht das größte Wunder dieser Welt. Wie Ernst Jünger vom Leben sagte, es schwimme wie eine grüne Insel in einem Meer des Todes, so können wir von der Liebe sagen, sie grüne wie eine Oase in einer Wüste der Gleichgültigkeit. Dieses Wunder beginnt schon in der Natur. Denken wir an Turgenjews Prosagedicht „Der Spatz“, geschrieben 1878:

„Ich kehrte von der Jagd zurück und schritt eine Allee des Gartens entlang. Mein Hund sprang vor mir her. Plötzlich verlangsamte er seinen Lauf und schlich sich an etwas heran, als wittere er ein Wild. Ich spähte die Allee entlang und erblickte einen jungen Spatzen, noch gelb um den Schnabel und mit Flaum auf dem Kopf. Er war aus dem Nest gefallen (die Birken längs der Allee schaukelten im starken Wind) und hockte regungslos da, hilflos die gerade erst hervorgewachsenen Flügelchen spreizend. Mein Hund stahl sich an ihn heran. Doch plötzlich schoss ein schwarzbrüstiger alter Spatz gleich einem Stein von einem der nächsten Bäume herab und landete unmittelbar vor seiner Schnauze; völlig zerzaust und entstellt, mit verzweifeltem, kläglichem Piepsen, machte er zwei, drei Sätze auf das geöffnete, von Zähnen starrende Hundemaul zu. Er war herbeigestürzt, um sich vor sein Junges zu stellen und es zu retten. Aber sein ganzer kleiner Körper zitterte vor Angst, die Stimme klang fremd und heiser, er war mehr tot als lebendig, er opferte sich! Als was für ein riesiges Ungeheuer musste ihm der Hund erscheinen! Und dennoch hatte er es nicht fertiggebracht, auf seinem hohen, sicheren Zweig zu verharren. Eine Macht, die stärker war als sein Wille, hatte ihn von dort vertrieben. Mein Tresor blieb stehen und wich zurück. Offenbar erkannte auch er diese Macht an. Ich beeilte mich, den verwirrten Hund zurückzurufen, und entfernte mich voller Ehrfurcht. Ja, lachen Sie nicht! Ich war von Ehrfurcht vor diesem heldenhaften kleinen Vogel erfüllt, von Ehrfurcht vor seinem Liebesopfer. Die Liebe, sagte ich mir, ist stärker als der Tod und die Todesangst. Nur sie, die Liebe, erhält und bewegt das Leben.“

Woher stammt sie, diese Macht der Bejahung? Die Wissenschaft stellt solche Fragen nicht. Die Philosophie gibt Antwort in Begriffen. Die Kunst zeigt Bilder des Vollzugs. Nur die Religion gibt eine Erzählung der Herkunft. Und zwar in der Genesis, der Geschichte von Gottes kreatorischer Macht. Das Schöpfungsgesetz lautet: Ich will, dass du seiest. Mit dem Du sind gemeint Himmel und Erde, Licht und Finsternis, Feste und Wasser, Pflanzen und Tiere – und der Mensch. Und wie der Künstler sein Werk bestaunt, so der Schöpfer seine Schöpfung: „Und Gott sah an alles, was er gemacht hatte, und siehe da, es war sehr gut“ (Gen 1,31a).

In diesem „Siehe da, es war sehr gut“ steckt das Wesen aller Liebe. Etwas Verwirklichtes bejahen, sich an ihm erfreuen und es beschützen, das heißt lieben. Und so könnte man alles menschliche Lieben gleichsam als Nachahmung, als Wiederholung der schöpferischen Liebe Gottes verstehen. Und dann verstünde man auch das Gefühl des Dankes, das jeder Liebende und jeder Geliebte, jeder Freude Bringende und jeder Freude Empfangende empfindet, ein Dank, der nicht selten zu einer Art Rückerstattung an den Urheber führt. Ich spreche wieder vom Gebet, wieder von den zwei Formen: zum einen der inständigen Bitte, ein Unglück zu wenden, zum anderen dem freudigen Dank für zuteilgewordene Gnade. Auch Menschen, die nicht an Gott glauben, machen vielleicht irgendwann die Erfahrung, dass ein Mangel, eine Daseinsminderung so groß sein kann, dass nur noch das Bittgebet bleibt, und umgekehrt ein seelisches Erleben so tief geht, dass der Dank an eine höhere Macht sich ganz von allein einstellt. Und so erbringen auch diejenigen, die Gott sonst bestreiten, eine Art Beweis seiner Existenz, zumindest seines Daseins im Als-ob.

Kehren wir zur Liebe zurück. Ihr Gebot gilt als die eigentliche christliche Forderung, als die mit Jesus in die Welt gekommene neue Ethik. Sie meint mehr als nur die privaten Binnenräume von Ich-Du-Beziehungen, mehr als Gattenliebe, Kinderliebe, Elternliebe, Geschwisterliebe oder Freundesliebe. Blicken wir an dieser Stelle auf ihren Überbringer selbst. Im Gleichnis vom barmherzigen Samariter heißt es:

„Und siehe, da stand ein Schriftgelehrter auf, versuchte ihn und sprach: ‚Meister, was muss ich tun, dass ich das ewige Leben ererbe?' Er aber sprach zu ihm: ‚Was steht im Gesetz geschrieben? Was liest du?' Er antwortete und sprach: ‚Du sollst den Herrn, deinen Gott, lieben von ganzem Herzen, von ganzer Seele, von allen Kräften und von ganzem Gemüt, und deinen Nächsten wie dich selbst.' Er aber sprach zu ihm: ‚Du hast recht geantwortet; tu das, so wirst du leben.' Er aber wollte sich selbst rechtfertigen und sprach zu Jesus: ‚Wer ist denn mein Nächster?' Da antwortete Jesus und sprach: ‚Es war ein Mensch, der ging von Jerusalem hinab nach Jericho und fiel unter die Räuber; die zogen ihn aus und schlugen ihn und machten sich davon und ließen ihn halb tot liegen. Es traf sich aber, dass ein Priester dieselbe Straße hinabzog; und als er ihn sah, ging er vorüber. Desgleichen auch ein Levit; als er zu der Stelle kam und ihn sah, ging er vorüber. Ein Samariter aber, der auf der Reise war, kam dahin; und als er ihn sah, jammerte er ihn; und er ging zu ihm, goss Öl und Wein auf seine Wunden und verband sie ihm, hob ihn auf sein Tier und brachte ihn in eine Herberge und pflegte ihn. Am nächsten Tag zog er zwei Silbergroschen heraus, gab sie dem Wirt und sprach: Pflege sein; und wenn du mehr ausgibst, will ich dir's bezahlen, wenn ich wiederkomme. Wer von diesen dreien, meinst du, ist der Nächste gewesen dem, der unter die Räuber gefallen war?' Er sprach: ,Der die Barmherzigkeit an ihm tat.' Da sprach Jesus zu ihm: ,So geh hin und tu desgleichen!'" (Lk 10,25–37).

Alle Gebote der Bibel, alle göttlichen „Du sollst nicht!" (nicht ehebrechen, nicht töten, nicht stehlen, nicht falsch Zeugnis reden usw.) gipfeln in diesem: Du sollst! „Du sollst deinen Nächsten lieben wie dich selbst." Jesu Geist ist darin eindringlich zusammengefasst, und deshalb sagt Paulus: „So ist nun die Liebe des Gesetzes Erfüllung. Und solches tut in Erkenntnis des Augenblicks" (Röm 13,10–11).

Jesus begründet die Nächstenliebe nicht mit dem Hinweis auf den Wert des Menschen an sich, sondern mit dem Hinweis auf seine Bedürftigkeit in der konkreten Situation. Die berühmte Feindesliebe aus der Bergpredigt ist nicht der Höhepunkt der allgemeinen Menschenliebe, sondern der Höhepunkt der menschlichen Selbstüberwindung, der Zähmung des ichsüchtigen Willens, des Verzichts auf den eigenen Anspruch.

Was heißt es denn, seinen Nächsten zu lieben wie sich selbst? Was heißt es denn, sich selbst zu lieben? Man möchte meinen, das weiß ein jeder, und zwar ohne Theorie und ohne langes Nachdenken. Denn die Selbstliebe ist kein ethisches Prinzip, sondern die Haltung des natürlichen Menschen. Soll ich also meinen Nächsten lieben wie mich selbst, so weiß ich in der konkreten Situation sehr wohl, was dem andern guttäte. Aber ich tue es doch nur, wenn ich die Selbstliebe bemeistere. Kierkegaard sagt:

„Soll man den Nächsten lieben *wie sich selbst*, so dreht das Gebot wie mit einem Dietrich das Schloss der Selbstliebe auf und entreißt sie dem Menschen ... Man könnte ja lange und scharfsinnige Reden darüber halten, wie ein Mensch seinen Nächsten lieben solle, und immer würde die Selbstliebe noch Entschuldigungen und Ausflüchte vorzubringen wissen, weil die Sache doch nicht ganz erschöpft, ein Fall übergangen, ein Punkt nicht genau oder bindend genug ausgedrückt und beschrieben wäre. Aber dieses *wie dich selbst* – ja, kein Ringer kann seinen Gegner so fest, so unentrinnbar umklammern, wie dies Gebot die Selbstliebe umklammert."

Mit der Liebe, die Jesus fordert, ist kein Gefühl gemeint, kein Affekt, nicht einmal Sympathie, sondern die Entscheidung, eine bestimmte Willenshaltung einzunehmen. Nächstenliebe und Feindesliebe gründen nicht auf Zuneigung oder Bewunderung, sie gründen auf der Stimme Gottes in uns. Liebe bedeutet das Opfer des eigenen Willens für das Wohl des andern im Gehorsam gegen Gott. Nur eine so verstandene Liebe kann man gebieten.

Und so spricht Jesus im Gleichnis vom Jüngsten Gericht zu den Gesegneten:

„Denn ich bin hungrig gewesen, und ihr habt mir zu essen gegeben. Ich bin durstig gewesen, und ihr habt mir zu trinken gegeben. Ich bin ein Fremder gewesen, und ihr habt mich aufgenommen. Ich bin nackt gewesen, und ihr habt mich gekleidet. Ich bin krank gewesen, und ihr habt mich besucht. Ich bin im Gefängnis gewesen, und ihr seid zu mir gekommen. Dann werden ihm die Gerechten antworten und sagen: Herr, wann haben wir dich hungrig gesehen und haben dir zu essen gegeben?, oder durstig und haben dir zu trinken gegeben? Wann haben wir dich als Fremden gesehen und haben dich aufgenommen?, oder nackt und haben dich gekleidet? Wann haben wir dich krank oder im Gefängnis gesehen und sind zu dir gekommen? Und der König wird antworten und zu ihnen sagen: Wahrlich, ich sage euch: Was ihr getan habt einem von diesen meinen geringsten Brüdern, das habt ihr mir getan“ (Mt 25,35–40).

Wer also ist der Nächste? Unser Nächster? Eines jeden
50 Nächster? Mein Nächster? Helmut Thielicke, der 1986 in Hamburg gestorbene große protestantische Theologe, hat in seiner Auslegung des Samariter-Gleichnisses klargemacht, was wir als Erstes hier erkennen müssen: nämlich dass der zum Helfen Aufgerufene und der Hilfsbedürftige jeweils etwas ganz anderes unter dem Nächsten versteht. Und genau das macht sich das Leben, das Leben, das so gern frommen Überlegungen ausweicht, zunutze. Denn ich kann nicht hingehen und tun und lieben, wenn ich vorher erst frage: Wer ist mein Nächster? Auf diese Frage hat der Teufel nur gewartet; darauf wird er mir immer nur die bequemsten Antworten zuflüstern. Lieben kann ich vielmehr nur dann, wenn ich im Sinne Jesu die Frage des Schriftgelehrten „Wer ist mein Nächster?“ umkehre. Dann heißt sie nämlich so: Wem bin *ich* der Nächste? Wer ist *mir* vor die Füße gelegt? Wer erwartet Hilfe von *mir*? Wer sieht in *mir* den Nächsten? Das ganze Christentum basiert ja auf der Idee der Umkehr, der Reinigung, der

Erneuerung, der Buße. Und so ist auch die auf brüderliche Hinwendung zielende Liebe ein von Gott gewiesener Weg. Ihre Redlichkeit, ihr Tun und Lassen, ihr Singen und Sagen, ist der Mittelpunkt der Religion, ist geheilte Blindheit des Herzens, ist Treue zum Vater, zum Sohn und zum Heiligen Geist, ist Wahrheit als sich zeigende Kraft, ist Freiheit und Verlässlichkeit des Christenmenschen. Das ist mehr als ein Als-ob des Glaubens. Das ist ein sittliches „Es sei!“: ein Sein des Sollens, und ein Sollen des Seins.

Obwohl getauft, war es mir nicht an der Wiege gesungen, eines Tages das Wort zur Verteidigung der Erbsünde zu ergreifen. Doch nicht für sie selbst, die Urschuld der menschlichen Freiheit, will ich eine Lanze brechen, für jene Erstgestalt des Abfalls, welche laut offiziellem Bekenntnis beider christlicher Kirchen von Generation zu Generation, von Geschlecht zu Geschlecht weitergegeben wird, wohl aber für das Mahnende in der Lehre von ihr.

Die Erbsünde, zugegeben, ist ein schwieriger und für viele auch befremdlicher Gedanke. In der Bibel, sagen die einen, ist von ihr nicht die Rede, jedenfalls nicht als Begriff. Sehr wohl ist in ihr davon die Rede, nämlich dem Sinn nach, sagen die andern. In Beichtgebeten kommt sie nicht vor, im Beichtspiegel auch nicht. Wie sollte sie auch. Man kann Sünden beichten, aber man kann nicht die Erbsünde beichten. Sie ist kein eigener Gottesfrevel der

Lebenden, keine persönliche Übertretung, weder eine der Tat noch eine des Unterlassens. Sie ist eine überkommene Verfehlung, Erbe der Voreltern, eins allerdings, das man nicht ausschlagen kann.

Wenn man den Sinn dieser Erbschaft verstehen will, ihn aber nicht im Beten und nicht im Beichten greifen kann, sollte man es im Gesang versuchen. Ich denke da an Monsignore Jaroslav Kubóvec, den Priester des Spätkon-
vertiten Ernst Jünger, der zu seinem fast hundertjährigen Schützling sagte, einmal Singen sei besser als dreimal Beten.

Und ja, es gibt ein Lied, das von der mysteriösen Sache handelt, es steht zwar nicht im Gesangbuch, weder im katholischen noch im evangelischen, aber manchmal wird es doch gesungen, denn Bach und Buxtehude haben es vertont. Es heißt – horribile dictu – „Lied von der Erbsünde" und stammt von dem Nürnberger Ratsschreiber Lazarus Spengler, geboren 1479, gestorben 1534. Spengler war ein früher Förderer der Reformation und wurde 1520 zusammen mit Luther mit dem päpstlichen Bann belegt. Das jambische Lied ist recht lang, es hat neun Strophen zu jeweils acht Zeilen. Ich kann es hier nicht komplett zitieren, doch eine Kostprobe in Gestalt der ersten drei und der letzten zwei Strophen will ich geben.

Durch Adams Fall ist ganz verderbt
Menschlich Natur und Wesen,
Dasselb Gift ist auf uns ererbt,
Daß wir nicht mocht'n genesen
Ohn' Gottes Trost, der uns erlost
Hat von dem großen Schaden,
Darein die Schlang Eva bezwang,

Gotts Zorn auf sich zu laden.

Weil denn die Schlang Eva hat bracht,
Daß sie ist abgefallen
Von Gottes Wort, welchs sie veracht,
Dadurch sie in uns allen
Bracht hat den Tod, so war je Not,
Daß uns auch Gott sollt geben
Sein lieben Sohn, der Gnaden Thron,
In dem wir möchten leben.

Wie uns nun hat ein fremde Schuld
In Adam all verhöhnet,
Also hat uns ein fremde Huld
In Christo all versöhnet;
Und wie wir all durch Adams Fall
Sind ewigs Tods gestorben,
Also hat Gott durch Christi Tod
Verneut, was war verdorben.

[…]

Ich bitt o Herr, aus Herzensgrund,
Du wollst nicht von mir nehmen
Dein heilges Wort aus meinem Mund,
So wird mich nicht beschämen
Mein Sünd und Schuld, denn in dein Huld,
Setz ich all mein Vertrauen;
Wer sich nur fest darauf verläßt,
Der wird den Tod nicht schauen.

Mein Füßen ist dein heilges Wort
Ein brennende Laterne,
Ein Licht, das mir den Weg weist fort;
So dieser Morgensterne
In uns aufgeht, so bald versteht
Der Mensch die hohen Gaben,
Die Gottes Geist den g'wiß verheißt,
Die Hoffnung darein haben.

Spengler war Theologe, er hat sich 1529 in einer Schrift mit Zwinglis Erbsünden- und Tauflehre auseinandergesetzt. In der kurzen Einleitung erklärt er, dass derjenige, der die verdammende Wirkung der Erbsünde verneint, die Heilstat Christi verleugnet. Diese Ansicht spiegelt sich auch im Text seines Liedes wider. Ich will jetzt nicht länger bei ihm verweilen. So viel aber darf ich sagen, Spenglers Gedicht von der Erbsünde ist im Grunde nichts anderes als eine Versifikation des Erbsündendogmas. Das soll kein Einwand gegen das Lied und auch keiner gegen das Dogma sein. Apropos Dogma. Der Begriff hat keine guten Karten heutzutage. Man denkt an das Bonmot von Karl Rahner: „Dogmen sind wie Straßenlaternen. Sie wollen den Weg beleuchten, aber nur Betrunkene halten sich daran fest." Doch haben Dogmen, sachlich betrachtet, nichts Anrüchiges. Sie verkörpern eine durchaus anspruchsvolle Gattung religiöser Erkenntnis. Sobald der Glaube zur formgebenden Macht des Denkens aufsteigt, zielt er auf begriffliche Klärung und konzentrierte Wahrheit. Der Geist kristallisiert. Das ist der Sinn der Sache. Eine Zeit, die keine Dogmen, sprich keine verbindlichen Lehrsätze mehr hat, ist eine schwache Zeit.

Die Dogmengeschichte der Erbsünde ist lang. Ich kann hier nicht darauf eingehen, nicht auf Paulus, Ambrosius, Pelagius, Augustinus, nicht auf Luther. Nicht auf die vielen anderen. Auf wen ich aber eingehen kann und will, ist Ernst Bloch. Mit ihm möchte ich beginnen. Nicht weil ich eine besondere Schwäche hätte für Ketzer und Häretiker, sondern weil es für das Denken fruchtbar ist, sich nicht nur im eigenen Kreis zu bewegen. In Blochs spätem Buch „Atheismus im Christentum", erschienen 1968 –

wann sonst, möchte man meinen –, findet sich der Satz: „Die Paradiesschlange ist die Raupe der Göttin Vernunft." Der contra deum gemeinte Gedanke ist gnostischen Ursprungs, und Bloch macht ihn sich, wie es von jeher seine Art war, mit philosophischem Schwung zu eigen. Dass die Schlange verhieß: „Ihr werdet sein wie Gott", und das Menschenpaar nicht widerstehen wollte – das wird ihm zur Chiffre für das innerweltliche Heil seiner atheistischen Utopie. In Blochs Auslegung des Paradiesgeschehens ist die Schlange eine Lichtbringerin, und die wirkliche Ursünde der ersten Menschenkinder wäre es gewesen, *nicht* sein zu wollen wie Gott. So gesehen ist die Schlangenverheißung keine Verführung zur Sünde, sondern der Lockruf zur Freiheit, zur Selbstermächtigung, ein Appell an den aufrechten Gang.

Das ist nun die entschiedenste Antithese zur christlichen Auffassung der Dinge. Man kann sagen, hier wird die Ursünde zur Urtugend gemacht und die Erbsünde zur Erbtugend. Es ist nicht jedem gegeben, auf so entschiedene Weise den Spieß umzudrehen. Was spräche dagegen, jetzt auch zu sagen: Nicht Adam und Eva begingen die erste Sünde, sondern Gott selbst hat sie begangen, denn er war es, der seinen Geschöpfen das Höchste und Edelste vorenthielt, wessen zu erlangen sie fähig sind, nämlich die Erkenntnis des Guten und Bösen.

Ich möchte nicht falsch verstanden werden. Die Gedanken sind frei. Das gilt für alle, auch für Philosophen. Der Atheismus ist alt und seine Geschichte lang. Gehört sie zur Erbsünde oder zur Erbtugend?

Erbtugend ist übrigens ein Wort von Goethe. Allerdings hat er es nicht in Anschlag gebracht, um die Gegenspielerin zu ersetzen, sondern um sie zu ergänzen. In den „Schriften zur Literatur“ heißt es: „Wenn gewisse Erscheinungen an der menschlichen Natur, betrachtet vonseiten der Sittlichkeit, uns nötigen, ihr eine Art von radikalem Bösen, eine Erbsünde zuzuschreiben, so fordern andere Manifestationen derselben ihr gleichfalls eine Erbtugend, eine angeborene Güte, Rechtlichkeit und besonders eine Neigung zur Ehrfurcht zuzugestehen.“ Eine ähnliche Position hat später auch Karl Jaspers vertreten. In seinem Buch „Der philosophische Glaube angesichts der Offenbarung“ von 1962 heißt es: „Die Chiffre der Erbsünde bedarf der Ergänzung durch die Chiffre des eingeborenen Adels.“

Zurück zu Bloch, dem hoffnungsfrohen Denker des Noch-nicht, der es liebte, die Bibel gegen die Theologie in Stellung zu bringen. Nicht nur das Hören auf die Schlangenverheißung „Ihr werdet sein wie Gott und wissen, was gut und böse ist“ (Gen 3,5) fasste er als Adelsprädikat des Menschen auf, sondern auch den Turmbau zu Babel. Auch hier, im kollektiven Tun, zeige sich bei den Erdenkindern ein Werdenwollen, Seinwollen und Schaffenwollen wie Gott, das ihnen höchste Ehre mache. Das sei keine Hybris, sondern ein Sinnbild des Prometheischen in uns. Da Religion und Kirche jedoch keinerlei Interesse bekundeten am „Freiheitsglanz der Sache“, hätten Sündenfall und Turmbau zu Babel stets „die schlechteste klerikale Presse“ gehabt.

Wohin ein von Gottesgehorsam gänzlich freigestelltes Wissen von Gut und Böse führen kann, zeigt nun gerade die Geschichte der „Göttin Vernunft“. In ihrem Namen und dem der durch sie begründeten Revolution exekutierten die Jakobiner das, was sie Tugendterror nannten, und die Bolschewiki das, was sie Wahrheitsterror hätten nennen können, einen Terror, der sich gegen Gegner sowie Anhänger richtete. Er führte am Ende zu Zuständen, in denen nicht nur nicht mehr offen geredet, sondern nicht einmal mehr aufrichtig geschwiegen werden durfte. Das war der geistig gewalttätige Zug daran. Das eine lief auf Gewissensumkehr, das andere auf Gehirnwäsche hinaus. Doch es blieb nicht bei der Tyrannei der Ideen. Als es darauf ankam, schritt man zur Tat. Das manichäische Weltbild erlaubte in Serie den willkürlichen Einsatz von Guillotine und Genickschuss. Bloch hat als Sozialist die entsprechenden historischen Praktiken zeitlebens als erzwungen verteidigt. In seinem Buch „Thomas Münzer als

Theologe der Revolution“ fällt der dafür zweckdienliche Begriff. Er heißt „Gewaltrecht des Guten“.

Aber nicht nur der religiös nicht unmusikalische kommunistische Freigeist Bloch war anfällig für bizarre Umkehrungen, auch genuine Theologen waren es. Ich denke an eine Geschichte, die Fedor Stepun in seinem Aufsatz „Formen deutscher Sowjetophilie“ von 1930 erzählt hat.

Stepun gehörte zu den elf missliebigen Philosophen, die auf Anweisung Lenins 1922 ausgebürgert und per Schiff, dem nachmals berühmten „Philosophenschiff“, gegen ihren Willen von Petrograd nach Stettin verbracht wurden. Darunter waren auch die Religionsphilosophen Nikolai Berdjajew und Walentin Bulgakow. 1926 wurde Stepun Professor an der Technischen Hochschule Dresden, wo er die Bekanntschaft eines renommierten protestantischen Theologen machte. Sie führten ausgiebige Gespräche untereinander. Meist ging es um den Bolschewismus. Stepun sah in der Russischen Revolution eine Fehlleitung religiöser Energien. Er verwies dabei auf Kierkegaard, der 1848 den Kommunismus als religiöse Bewegung der Zukunft gedeutet hatte.

Stepuns Gesprächspartner war religiöser Sozialist. Er verstand das Christentum vor allem als Glaubensaufruf zur sozialistischen Entscheidung, zum Aufbau einer von Grund auf neuen, anderen, gerechteren Gesellschaft.

Dazu brauche es das enge Zusammengehen mit dem Proletariat. Stepun sah, wie die Beschämung der Protestanten über den Vorkriegsnationalismus ihrer Kirche sowie das Leiden am kraftlos gewordenen Glauben während der Weimarer Zeit in der Seele der linken Pastoren den Wunsch aufkeimen ließ, sich mit einer historisch aufstrebenden Gemeinschaftsbewegung zu verbinden. Religiosität war den religiösen Sozialisten nun wichtiger als Religion. Und so kam es, dass sie meinten, echte Religiosität hätte alle Formen des geschichtlich gewordenen Christentums abzulehnen, solange diese den Menschen daran hinderten, den Weg zu einer neuen Gesellschaft einzuschlagen. Von diesem Standpunkt aus war es nur noch ein Schritt bis zur religiösen Rechtfertigung des bolschewistischen Kampfes gegen die orthodoxe Kirche. Einige protestantische Theologen gingen sogar so weit, den Geschichtsmaterialismus von Marx als die zum Schutz des vermeintlich echten Christentums einzig mögliche Philosophie zu verteidigen.

Stepun, der die Revolution vom Oktober als Verrat an der Revolution vom Februar ansah, kam aus dem Staunen nicht heraus. Seine Begegnung mit besagtem evangelischen Theologen gipfelte schließlich in folgender Episode. In der Exilpresse war ein Aufsatz von Walentin Bulgakow erschienen. Er trug den Titel „Wie sie für den Glauben sterben". Stepun schreibt: „Ich erzählte den Inhalt und hielt mich besonders lange bei den von Rotarmisten erschossenen Bauern auf, die mit einem Gebet für ihre Peiniger starben. Und auf einmal wurde alles klar. Mit großer Aufrichtigkeit äußerte mein Gesprächspartner, sichtlich erschüttert von meinem Bericht, plötzlich den Gedanken, die exekutierenden Rotarmisten seien dennoch von einem

lebendigen religiösen Gefühl erfüllt gewesen, wohingegen die Betenden ihren Tod mit den konventionellen Formen einer toten Religiosität abwehrten, einer, wie er sich ausdrückte, ‚dämonischen', das heißt ihrem Wesen nach Götzen anbetenden Orthodoxie." Der Gesprächspartner war Paul Tillich.

Ich will hierzu nichts weiter sagen. Die Geschichte spricht für sich. Wir können uns nun fragen, was das Ganze mit der Erbsünde zu tun hat. Sünde ist religiös verstandene Schuld, sie ist keine Schuld vor den Menschen, sondern eine Schuld vor Gott. Erbsünde ist religiös verstandene Erbschuld. Das Dogma der Erbsünde sieht ausnahmslos jeden Menschen in einer Erbschuld vor Gott. Der Sozialist hingegen, besonders der Gefühlssozialist, sieht sich frei davon, er kennt in eigener Sache, sprich der guten Sache, weder Sünde noch Schuld, schon gar keine Erbschuld. Nicolás Gómez Dávila, einer der scharfsinnigsten katholischen Schriftsteller des 20. Jahrhunderts, hat einmal gesagt, der Sozialismus ist die Philosophie von der Schuld der andern. Da der Sozialist davon überzeugt ist, im moralischen Plus zu stehen und seine Gegner im Minus, werden sie nicht widerlegt, sondern gebrandmarkt.

Kommt uns das nicht bekannt vor? Ich spreche von der Hypermoral des linkslastigen Zeitgeistes, von der gesinnungsethischen Zurichtung des Politischen, von der Selbstgerechtigkeit der Medien, ich spreche von der Absolutheitsethik humanitaristischer Diesseitsreligionen. Die Lehre von der Erbsünde könnte hier ein Heilmittel sein, denn sie untergräbt das Fundament des Pharisäertums und damit den moralischen Betrug und Selbstbetrug. Sie ermöglicht den entschlossenen Gebrauch der praktischen Vernunft und eine realistische Sicht auf die Conditio humana.

In gewisser Weise war auch Hegel dieser Ansicht. An einer Stelle seiner „Philosophie des Rechts“ heißt es: „Die christliche Lehre, dass der Mensch von Natur aus böse sei, steht höher wie die andere, die ihn für gut hält; ihrer philosophischen Auslegung zufolge ist sie also so zu fassen: Als Geist ist der Mensch ein freies Wesen, das die Stellung hat, sich nicht durch Naturimpulse bestimmen zu lassen. Der Mensch, als im unmittelbaren und ungebildeten Zustande, ist daher in einer Lage, in der er nicht sein soll und von der er sich befreien muss. Die Lehre von der

Erbsünde, ohne welche das Christentum nicht die Religion der Freiheit wäre, hat diese Bedeutung."

Wie bei Bloch geht es auch bei Hegel, wenn er auf das Paradies zu sprechen kommt, um die Schlange und ihre Verführungskunst. Doch liegt es ihm fern, den Sinn des biblischen Narrativs umzukehren. Im Geiste, im Erkennen vollziehe sich die Entzweiung zwischen Schöpfer

und Geschöpf, im Erkennen werde der Mensch schuldig, heißt es in der „Philosophie der Weltgeschichte", das Tier habe keine Schuld. Allerdings werde in der Erzählung vom Sündenfall auch die Prophezeiung der Versöhnung ausgesprochen, und zwar in den Worten, mit denen Gott die Schlange verflucht: „Auf deinem Bauche sollst du kriechen und Erde fressen dein Leben lang. Und ich will Feindschaft setzen zwischen dir und dem Weibe und zwischen deinem Nachkommen und ihrem Nachkommen; der soll dir den Kopf zertreten, und du wirst ihm in die Ferse stechen" (Gen 3,14–15). Der Sündenfall ist für Hegel „der ewige Mythus des Menschen, wodurch er eben Mensch wird". Es wäre ihm nie und nimmer in den Sinn gekommen, in der Schlange „die Raupe der Göttin Vernunft" zu sehen.

Hegel war nicht der Erste, der die Lehre von der Erbsünde mit dem Grundproblem der Anthropologie verknüpfte, nämlich der Frage, woher das Böse kommt, wie es zu erklären und ob der Mensch von Natur aus ihm verfallen ist. An dieser Frage scheiden sich bis heute die Geister. Die optimistische Anthropologie ist der Auffassung, dass der Homo sapiens von Natur aus gut ist und es allein von den gesellschaftlichen Einrichtungen herrührt, wenn er Böses tut. So gesehen gibt es keine Schranke der Menschenbesserung. Das Böse kann aus der Welt geschafft werden. Man muss nur entschlossen ins Werk setzen, was Karl Popper „holistic social engineering" nannte, nämlich den Neubau der Gesellschaft von Grund auf. Was auch in regelmäßigen Abständen versucht wird. Die pessimistische Anthropologie sieht die Sache allerdings anders. Hier gehört das Böse zum Wesensgrund des Menschen. Die Vorstellung, es könnte ausgemerzt werden, gilt ihr als Wahnidee. Und die Vorstellung, es könnte ein kollisionsfreies Wertesystem, es könnte ausschließlich gesegnete Verhältnisse geben, als Illusion.

Das Dogma der Erbsünde stützt die pessimistische Anthropologie. Es besagt nichts anderes, als dass dem Menschen eine Wurzel des Bösen innewohnt, dass er offen ist für das Böse, ja, dass er von Natur aus gefährlich ist. Der Kern des Bösen ist etwas Geistiges, eine Schwäche der Versuchung gegenüber. Erbsünder sein heißt, kein angeborenes Immunsystem gegen den Virus der Versuchung haben, ideologische Versuchung inklusive. Versuchung ist immer Versuchung des Willens. Wer nicht widersteht, erliegt der Verführung zur Willensverkehrung. Gehorsam oder Ungehorsam gegen Gott entscheidet sich an dieser Stelle. In den Worten Jesu ist immer wieder die Rede davon. „Nicht mein, sondern dein Wille geschehe", heißt es im Lukasevangelium. „Und führe uns nicht in Versuchung", heißt es im Vaterunser. Das Böse nistet dort, wo der Mensch diese Stimme überhört oder taub für sie ist. Erbsünde meint dieses Fehlen der Gottesantenne, ein Fehlen im Tun und Lassen, im Denken und Fühlen, im Wissen und Erkennen. Einsichtig wird dergleichen nur im Glauben. Im Unglauben ist es unbegreiflich.

Die Erbsünde als ewige, unwandelbare Struktur der Versuchungsanfälligkeit des Menschen gehört nicht zur frohen Botschaft. Das ist einer der Gründe ihrer Unbeliebtheit im heutigen Christentum. Man denkt an Karl Barth, der in ähnlichem Zusammenhang einmal sagte: „Wer wollte nicht lieber theologus gloriae als theologus crucis sein? Schon aus Menschenfreundlichkeit, um von der Bequemlichkeit nicht zu reden." Sobald wir uns die anfänglichen, auf Augustinus zurückgehenden reformatorischen Bescheide zur Erbsünde in Erinnerung rufen, sehen wir, dass es sich die alten Religionslehrer nicht bequem gemacht haben mit dem Menschen. So heißt es in Melanchthons „Apologia Confessionis Augustanae" von

1531 über unseren „größten Jammer“: „dass wir Menschen alle also von Art geboren werden, dass wir Gott oder Gottes Werk nicht kennen, nicht sehen noch merken, Gott verachten, Gott nicht ernstlich fürchten noch vertrauen, seinem Gericht oder Urteil feind sind. Item dass wir alle von Natur vor Gott als einem Tyrannen fliehen, wider seinen Willen zürnen und murren. Item uns auf Gottes Güte gar nicht lassen noch wagen, sondern allzeit mehr auf Geld, Gut, Freunde verlassen.“ Das klingt nicht gerade nach lupenreiner Gottebenbildlichkeit. Die Imago dei des Menschen hat durch Adams Fall einige Kratzer bekommen, sodass die Erbsünde – ganz unabhängig von der Frage der Übertragung, die ich hier beiseitelasse – als angeborene Gottesflucht, Unglaube, aversio a Deo, ja gleichsam als angeborener Atheismus aufgefasst werden kann.

Allerdings ist der anthropologische Pessimismus nicht das letzte Wort in der Lehre vom peccatum originale originatum. Sie eröffnet auch Wege heraus aus der Gottesferne, dem Unheil des in Adam vermaledeiten alten, und Wege hin zur Gottesnähe, zum Heil des in Christus gebenedeiten neuen Menschen. Aber das ist schon ein anderes Kapitel. Davon kann ich hier und jetzt nicht handeln. Die Überschriften wären Buße, innere Umkehr, Reinigung des Herzens, lauter Sachen, die vom gläubigen Menschen und einem aufrichtigen In-sich-Gehen ihren Ausgang nehmen. Gómez Dávila sagt: „Ich kenne keine Sünde, die für eine edle Seele nicht ihre eigene Strafe wäre.“ Von Gnade und Erlösung, den schönsten Verheißungen des Christentums, will ich gar nicht reden. Sie kommen allein von Gott.

Ist die Vorstellung der Erbsünde eine religiöse Fesselung unserer Freiheit? Ist sie ein Fluch, eine Schmach, eine Schande gar, weil sie dem einzelnen Menschen qua Herkunft die Last einer schuldlosen Schuld aufbürdet? Man sollte an Jochen Kleppers „Trostlied am Abend“ denken, an die an Gott gerichtete Schlussstrophe:

Hat meine Sünde mich verklagt,
Hast du den Freispruch schon verkündet.
Wo hat ein Richter je gesagt,
Er sei dem Schuldigen verbündet?
Was ich auch über mich gebracht,
Dein Wort hat stets mein Heil bedacht.

Natürlich, Sünde ist nicht gleich Erbsünde. Eine Sünde ist zeitlich begrenzt, sie kann bereut werden, sie wird vergeben, man kann sich von ihr reinigen, und dann ist sie getilgt. Die Erbsünde ist überzeitlich, sie kann nicht bereut werden, man kann sich nicht von ihr reinigen, sie kann nicht gänzlich getilgt werden.

Aber durch das Sakrament der Taufe geschieht es, dass sie von Gott nicht mehr zugerechnet wird, dass das Schuldmoment in ihr vergeben wird. Luther hat in einer seiner Tischreden ein gutes Bild dafür gefunden: „Die Erbsünde nach der Taufe ist gleich wie eine Wunde, die zu heilen anfängt. Es ist zwar eine rechte Wunde, aber doch wird sie geheilt und ist im steten Fortgang des Heilens, ob sie wohl noch eitert und wehe tut. So bleibt zwar die Erbsünde in den Getauften bis zum Tode, dennoch wird sie ständig getötet; der Kopf ist ihr ab, dass sie uns nicht verdammen und anklagen kann."

Das Dogma der Erbsünde mündet in das Gebot des Christenmenschen, sich ihren Wirkungen entgegenzustellen. „Alle Dinge sind möglich dem, der da glaubt", lautet ein Christuswort aus dem Markusevangelium. „Ich glaube", ruft der Vater des kranken Kindes zu Jesus hin, „ich glaube; hilf meinem Unglauben!" Wer indes resigniert, der kriegt von Luther den Bescheid: „Die aber nicht wider ihre Sünden streiten, sondern bewilligen darein, die fallen gar wiederum in die Erbsünde, und werden, wie sie vor der Taufe sind gewesen."

Die Erbsünde, und mit ihr der Schmerz daran, gehört zur Grundausstattung des Menschen. In diesem wie in jedem Schmerz steckt eine Wahrheit, die ohne ihn nicht erfahrbar ist. Viktor von Weizsäcker, der Begründer der medizinischen Anthropologie, sagt: „Im Schmerz ist aber das enthalten, dass etwas nicht sein *soll*, was doch ist, und dieser Widerspruch von Sollen und Dasein ist die eigentliche Wirklichkeit des Menschen als Kreatur. Der Mensch als Kreatur hat nicht nur die kalte Existenz, sondern sein Dasein ist immer ein So-sein-Sollen: dies ist der richtige ontologische Begriff vom Menschen und seiner Wirklichkeit. Seine Ontologie ist daher eigentlich nicht eine Lehre vom Sein, sondern eine Lehre von Geboten."

Theologie ist ein wesentlicher Teil solcher Lehre. Der Ursprung der Religion liegt nicht, wie die Aufklärung meinte, in der durch Unwissenheit verursachten Angst der Erdenkinder vor der übermächtigen Natur, sondern sie liegt letztlich im Wissen und Ahnen der unauslotbar tiefen Zwiespältigkeit des Menschenwesens selbst. Einer Zwiespältigkeit, die, biblisch betrachtet, selber eine Folge der Erbsünde ist. Wer dies verkennt, wer dies abschaffen will, muss den Menschen selbst abschaffen.

Religion und Religionskritik lagen von Anfang an nicht nur über Gott und die Welt miteinander im Streit, sondern auch über den Menschen. „Das Geheimnis der Theologie ist die Anthropologie!“ lautet einer der berühmtesten Sätze von Feuerbach. Anthropologie verstanden als Weckruf: nämlich vorzustoßen in eine wirklichere Wirklichkeit als die, mit der sich christliche Theologen und spekulative Philosophen bisher beschäftigten. Aufgabe der neuen Zeit sei „die Verwirklichung und Vermenschlichung Gottes“.

Über sich selbst sagte er: „Gott war mein erster Gedanke, die Vernunft mein zweiter, der Mensch mein dritter und letzter Gedanke.“ Im „Wesen des Christentums“ schreibt er 1841: „Das Bewusstsein Gottes ist das Selbstbewusstsein des Menschen, die Erkenntnis Gottes die Selbsterkenntnis des Menschen. Aus seinem Gott erkennst du den Menschen, und wiederum aus dem

Menschen seinen Gott; beides ist eins." Gott ist für Feuerbach eine anthropomorphe Projektion. „Der Mensch verlegt sein Wesen zuerst *außer* sich, ehe er es *in sich* findet." Gott ist das hypostasierte Spiegelbild des Menschen, das Göttliche das ins Jenseits projizierte allgemein Menschliche. Unsterblichkeit, Vollkommenheit, Allmächtigkeit, Liebe, Weisheit, Gerechtigkeit als Gottesprädikationen sind in Wahrheit Wunschattribute der menschlichen Gattung. Homo homini deus est, der Mensch ist der Gott des Menschen. Das ist das ganze Geheimnis der Religion.

Und damit war sie abgeschafft. Feuerbach löste die Überwelt in Luft auf und nahm der Gottesfürchtigkeit den Gegenstand.

Wer aber derart religiös gerupft wird, der braucht ein neues Federkleid, und ist in hohem Maß empfänglich für eine neue Initiation. Sie zu erteilen, war Feuerbach auf begnadete Weise begabt. Mitreißend wird die neue Lehre verkündet, aber nicht von der Kanzel und nicht vom Katheder, sondern volksnah im Rathaussaal. In den „Vorlesungen über das Wesen der Religion", gehalten während der Revolutionszeit 1848/49 in Heidelberg, sagte er: „Der Zweck meiner Schriften, so auch meiner Vorlesungen, ist: die Menschen aus Theologen zu Anthropologen, aus Theophilen zu Philanthropen, aus Kandidaten des Jenseits zu Studenten des Diesseits, aus religiösen und politischen

Kammerdienern der himmlischen und irdischen Monarchie und Aristokratie zu freien, selbstbewussten Bürgern der Erde zu machen."

Es ist diese aus tiefstem Seelengrund geschürfte Ambition und diese Denkfigur, die den Gottesglauben heillos an der Wurzel packte. Sie war und ist und bleibt *die* atheistische Herausforderung.

Feuerbach und was in seinem Geist noch auf ihn folgen sollte, war nicht die einzige Form des Abfalls vom Glauben. Gefahr für Religion und Theologie kam auch aus dem avancierten Atheismus der modernen Naturwissenschaft. Einer seiner prominentesten Vertreter war Englands nobler Denker Bertrand Russell. Als er am 6. März 1927 in London unter der Schirmherrschaft einer Gesellschaft zur Förderung der Säkularisierung im Rathaus von Battersea seinen nachmals berühmten Vortrag „Warum ich kein Christ bin" hielt, war jedoch vom Glauben und seinen Phänomenen kaum die Rede. Russell prüfte die Dogmen des Christentums, und das ausschließlich vorm Richterstuhl der Wissenschaft und Logik. Das Fazit war entsprechend: Erstens lasse sich weder Gottes Existenz noch die Unsterblichkeit der Seele beweisen, zweitens sei Christus, ob göttlich oder nicht, als Mensch keineswegs ein rundum vortrefflicher und weiser Mann gewesen, wie seine Anhänger meinten, und drittens stütze die Religion sich hauptsächlich auf Angst. Angst aber sei schädlich, ein gleichsam defizitärer Zustand des Erkennens. Damit war die Sache im Grunde abgetan. Schachmatt in drei Zügen. In der Tat, vom wissenschaftlichen Standpunkt betrachtet ist Religion etwas Kindisches: Fantasie, Aberglauben, Träumerei, eigentlich Wahn, nichts, was dem Verstand, dem Zweifel standhält, nichts, was Gewissheit verbürgt.

Wissenschaft kommt ohne Gott aus. Einer berühmten historischen Anekdote zufolge stellte Napoleon dem Physiker Laplace, nachdem dieser ihm das System der Bewegung der Himmelskörper erklärt hatte, die Frage: „Und welche Rolle gedenken Sie in diesem System Gott dem Schöpfer zukommen zu lassen?“ Worauf Laplace antwortete: „Eine solche Hypothese benötige ich nicht.“

Die Antwort hätte auch von Russell sein können. „Die zentralen Dogmen der christlichen Religion finden keine Unterstützung an der Wissenschaft“, sagt er. „Ich behaupte nicht, beweisen zu können, dass es keinen Gott gibt. Ich kann auch nicht beweisen, dass der Teufel eine Fiktion ist. Der christliche Gott mag existieren; desgleichen mögen es die Götter des Olymp, des alten Ägypten oder die Götter von Babylon. Aber keine dieser Hypothesen ist wahrscheinlicher als die andere: Sie liegen außerhalb der Region jedes auch nur mutmaßlichen Wissens, und darum gibt es keinen Grund, auch nur eine davon zu erwägen.“

Gott ist, könnte man schlussfolgern, ein Zufluchtsort der Unwissenheit.

Russell wusste natürlich, dass verstandesmäßige Argumente, auch solche, wie er selbst sie vorbrachte, die Menschen nicht wirklich bewegten. Was sie dazu bewegen würde, an Gott zu glauben, sei nichts Rationales. Die meisten glaubten an Gott, weil man es sie von frühester Kindheit an gelehrt hätte. Der zweitstärkste Beweggrund sei der Wunsch nach Sicherheit, nach einer Art Gefühl, dass es einen großen Bruder gebe, der sich um einen kümmert. Er, Russell, glaube nicht, „dass der wahre Grund, warum Menschen einer Religion Glauben schenken, auch nur das Geringste mit Argumenten zu tun hat. Glauben schenken sie der Religion vielmehr aus emotionalen Gründen."

Apropos Argumente, apropos Beweise. Man erzählt gern die Geschichte, dass der ungläubige Philosoph von besorgten Studenten einmal gefragt wurde, was er denn sagen würde, sollte er nach dem Tod wider Erwarten von Angesicht zu Angesicht vor Gott stehen. Russell antwortete: "I would say, 'Lord, you should have given us more evidence'." Damit hatte er Gott den Schwarzen Peter zugeschoben. Es sei seine Schuld, dass wir nicht an ihn glauben könnten.

Zurück zur Welt der Gefühle. In „Warum ich kein Christ bin" kommt in puncto Religiosität für Russell –

das Stichwort fiel schon – nur eine Regung in Betracht: die Angst. In ihr meinte er den springenden Punkt allen Gottesglaubens erkannt zu haben. Diese Ansicht findet sich schon bei Lukrez, dem luzidesten Propheten des Atheismus in der Antike, der in „De rerum natura“ mittels Hexametern erklärte, „nur deshalb fesselt die Furcht die Gemüter der Menschen, / weil sie Erscheinungen sehn auf Erden und droben am Himmel, / deren bewegende Gründe sie nicht zu durchschauen vermögen“. Lukrez machte die Angst nicht nur zur Hauptursache wie zuvor schon Epikur, sein philosophisches Vorbild, sondern auch zur Hauptwirkung von Religion. Die Götter seien nämlich nichts anderes als durch Furcht vor unbegreiflichen Naturkräften veranlasste Schöpfungen des Menschen. Und dieser würde sich im selben Atemzug von ihnen, der eigenen Projektion, einreden lassen, dass all sein Unglück wissentlich und absichtsvoll durch diese Wesen herbeigeführt werde. Wenn aber die Götter schon imstande seien, ihm in diesem Leben so viel Übles zu bescheren, womit würde er dann erst im nächsten zu rechnen haben? Drohungen gebe es genug. Es ist die Einbildungskraft, so Lukrez, welche die Höllenqualen erfunden hat. Sie sei der Grund unserer Ängste. Der Mensch müsse diese Art Mythen verwerfen. Nur so gewinne er seine Würde und gerate auf die irdischen Pfade des Glücks.

„Was die Religion betrifft“, so Russell kurz und bündig, „bin ich der gleichen Ansicht wie Lukrez. Ich halte sie für ein aus der Angst geborenes Übel und eine Quelle unsäglichen Leids für die Menschheit.“ In seinem Buch „Eroberung des Glücks“ von 1930 hat er jenseits des Glaubens ein eigenes Programm der Angstbekämpfung entworfen, das ganz auf Rationalisierung setzt. Es geht so:

„Wenn Unheil droht, ist es ratsam, sich ernsthaft und bedacht zu überlegen, was im schlimmsten Falle eintreten könnte. Hat man sich das möglicherweise bevorstehende Missgeschick genau ausgemalt, dann suche man nach triftigen Gründen, aus denen es alles in allem doch nicht gar so furchtbar ist. Solche Gründe gibt es immer, da selbst im allerschlimmsten Falle nichts, was uns persönlich geschieht, irgendeine kosmische Bedeutung hat. Sobald man eine Zeit lang den schlimmsten Ausgang in Ruhe überdacht hat und mit aufrichtiger Überzeugung zu dem Schluss gekommen ist, dass er schließlich doch nicht von so ungeheurer Bedeutung ist, wird man finden, dass die Selbstquälerei in ganz erstaunlichem Grade nachlässt. Vielleicht ist es nötig, den Prozess ein paar Mal zu wiederholen, wenn man aber bei der Ausmalung des schlimmsten Verlaufes keine der möglichen Folgen aus Feigheit übergangen hat, wird schließlich das Grübeln ganz aufhören und an seine Stelle eine Art überlegener Heiterkeit treten.“

Wohl dem, bei dem es funktioniert! Aber das war, genau betrachtet, nicht einmal bei Russell selbst der Fall. Wie er in seiner Autobiografie erzählt, erlebte er verschiedentlich Angstzustände, die er durch kein intellektuelles Verfahren beheben konnte. Es war vor allem die Angst vor erblichem Wahnsinn, die ihm zu schaffen machte. Wahnsinn war das Gespenst der Familie. Es hatte, wie er mit zwanzig Jahren erfuhr, seine unsichtbaren Arme bereits nach dem Vater, einer Tante und einem Onkel ausgestreckt. „Die damals entstandenen Ängste“, bekannte er, „haben nie aufgehört mich im Unterbewusstsein zu behelligen. Seit damals [...] bin ich heftigen Albträumen ausgesetzt, in denen ich meist von einem Wahnsinnigen ermordet werde. Dann schreie ich laut auf, und auf einmal war ich, bevor ich erwachte, drauf und dran meine Frau zu erwürgen, weil ich meinte, ich müsse mich gegen den Überfall eines Mörders zur Wehr setzen. Eine Angst dieser Art veranlasste mich jahrelang, jeder tieferen Gefühlsregung aus dem Wege zu gehen und ein reines Verstandesleben, gemildert durch Leichtigkeit, zu führen.“

Ihn quälte jedoch nicht nur die Angst vor Geistesgestörtheit, er litt auch unter dem Gefühl großer Einsamkeit. An vielen Stellen seiner Lebensrückschau ist von abgrundtiefer Niedergeschlagenheit, seelischer Bedrückung und existenzieller Verzweiflung die Rede: „Wir stehen am

Ufer eines Ozeans und schreien in die leere Nacht hinaus; zuweilen antwortet eine Stimme aus dem Dunkel. Aber es ist die Stimme eines Ertrinkenden, und im nächsten Augenblick kehrt das Schweigen wieder.“ Russell wusste, dass er von Jugend auf mit Schwermut geschlagen war. Es gibt einen Passus, der besonders eindrucksvoll von solchen Zuständen berichtet. Weihnachten 1931 befand er sich auf See, er kehrte von einer Vortragsreise durch die USA per Schiff nach England zurück. In einem Artikel, den er damals für die „Hearst Press“ schrieb, gestand er offen heraus:

„Wie es natürlich ist, wenn man versucht, die tiefere Ursache für das eigene Unglück zu ignorieren, fand ich allgemeine Gründe für meine Schwermut. Ich war in den ersten Jahren des Jahrhunderts persönlich sehr unglücklich gewesen, aber zu jener Zeit vertrat ich eine mehr oder weniger platonische Philosophie, die es mir ermöglichte, Schönheit im außermenschlichen Universum zu sehen. Die Mathematik und die Sterne trösteten mich, wenn die menschliche Welt ohne Trost zu sein schien. Aber ein Wandel in meiner Philosophie brachte mich um diesen Trost. Solipsismus bedrückte mich, besonders nachdem ich Interpretationen der Physik wie von Eddington durchgearbeitet hatte. Es sah so aus, als ob das, was wir als Naturgesetze angesehen hatten, nur sprachliche

Konventionen seien und die Physik nicht wirklich mit der äußerlichen Welt in Beziehung stehe. Ich will nicht sagen, dass ich das wirklich glaubte, aber es wurde zu einem Albtraum, der immer mehr von meiner Vorstellung Besitz ergriff. In einer nebligen Nacht, als ich in meinem Turm in Telegraphe House [seinem Landsitz in Cornwall – S.K.] saß, nachdem alle anderen schlafen gegangen waren, gab ich dieser Stimmung in einer pessimistischen Meditation Ausdruck:

Moderne Physik

Allein um Mitternacht in meinem Turm, erinnere ich mich an die Wälder und Hügel, an die See und den Himmel, die das Tageslicht gezeigt hat. Jetzt, wo ich durch jedes der vier Fenster blicke, nach Norden, Süden, Osten und Westen, sehe ich nur mein eigenes Bild, trübe widergespiegelt oder in schrecklicher Undurchsichtigkeit als Schatten auf dem Nebel. Was tut's? Wenn ich vom Schlaf erwache, wird der morgige Sonnenaufgang die Schönheit der äußeren Welt zurückbringen.

Aber die geistige Nacht, die sich auf mich gesenkt hat, ist weniger kurz und verspricht kein Erwachen nach dem Schlaf. Früher schienen mir Grausamkeit und Gemeinheit, die staubigen, verzehrenden Leidenschaften des menschlichen Lebens ein Geringes, wie ein aufgelöster Missklang in der Musik, zwischen dem Glanz der Sterne und der erhabenen Prozession der geologischen Zeitalter. Was, wenn das Universum den allgemeinen Tod stürbe? Es war dennoch unerschütterlich und prächtig. Nun aber ist alles zusammengeschrumpft und nicht mehr als mein eigenes Abbild in den Fenstern der Seele, durch die ich hinaussehe in die Nacht des Nichts. Das Kreisen der Nebel, die Geburt und der Untergang der Sterne sind nichts mehr als bequeme Fiktionen bei dem trivialen Versuch, meine eigenen Wahrnehmungen und vielleicht die anderer, die nicht viel besser sind als die meinen, zu verknüpfen. Nie hat man einen dunkleren und engeren Kerker gebaut als den, in den die Schattenphysik unserer Zeit uns einschließt, denn jeder Gefangene glaubte einst, dass außerhalb seiner Mauern eine freie Welt existiere; nun aber ist das ganze Universum Gefängnis geworden. Es herrscht Dunkelheit draußen, und wenn ich sterbe, wird Dunkelheit drinnen herrschen. Nirgends ist Glanz oder Weite; nur Belanglosigkeit für einen Augenblick, und dann nichts.

Warum in einer solchen Welt leben? Warum gar sterben?“

Das düstere Bild ergibt zweifellos eine Landschaft des Trübsinns, eine Art ontologische Depression, aber das hat nicht nur eine seelische, sondern eben auch eine philosophische Seite. Unausgesprochen klingt hier das Dilemma der Moderne „Entweder Gott oder die Leere" an. Da ist nicht nur Russells fundamentaler Skeptizismus, da ist auch die Nähe zum Neopositivismus, die eine solche Weltverarmung nach sich zieht. Ist das der Preis des Atheismus? Und wenn nicht des Atheismus, so doch der Abstinenz gegenüber daseinsoffener Phänomenologie und Hermeneutik? Nämlich der Preis des Verzichts auf sachgerechte begriffliche Beschreibung und der Preis des Verzichts auf den guten Willen, die religiöse Welt von innen zu verstehen, eine reich gegliederte Geisteswelt, die nicht der Logik der Vernunft, sondern der Logik des Herzens gehorcht und gerade dadurch den Haltlosen Halt, den Einsamen Bindung und den Ungetrösteten Trost gibt, wenn diese denn Halt, Bindung und Trost überhaupt wollen? Der eingefleischte Rationalist Russell hätte freilich bestritten, dass es eine Logik des Herzens gibt, er hatte nicht viel übrig für Pascal, von dem er meinte, er hätte seine genialen mathematischen Fähigkeiten der Frömmelei zum Opfer gebracht. Vielleicht hätte Russell zugegeben, dass eine gewisse Kategoriendürre die prosaische Folge jedweder metaphysischen Desillusionierung sei. Und es stimmt ja auch: Angelsächsische Nüchternheit, britischer Common Sense, verkörpert in der analytischen Philosophie, gründen nun einmal auf Entsagung in Sachen Transzendenz.

Bereits im Sommer 1931 hatte Russell eine erste Fassung seiner Autobiografie diktiert, sie reichte bis ins Jahr 1921. Er schloss sie ab mit einem Epilog, in dem er ein vorläufiges Fazit seines Denkens zog. Als er auf die Philosophie zu sprechen kam, gab er zu Protokoll:

„Die besten Jahre meines Lebens habe ich den Prinzipien der Mathematik gewidmet, in der Hoffnung, irgendwo ein sicheres Wissen zu finden. Trotz dreier dicker Bände hat die ganze Anstrengung in mir mit Zweifel und Verwirrung geendet. Was die Metaphysik betrifft, so erlebte ich, als ich anfangs unter dem Einfluss Moores den Glauben an den deutschen Idealismus über Bord warf, die Freude des Glaubens, dass die erfassbare Welt wirklich sei. Nach und nach, vor allem unter dem Einfluss der Physik, ist diese Freude verblasst, und ich wurde auf einen Standpunkt gedrängt, der jenem Berkeleys nicht unähnlich ist, doch ohne seinen Gott und seine anglikanische Selbstzufriedenheit."

Russell sagte einmal, er hätte zeit seines Lebens das Bedürfnis nach Gewissheit gehabt, und zwar auf die gleiche Weise wie ein religiöser Mensch, der sich in seinem Glauben gefestigt sehen möchte. So sei er auf der Suche nach einer objektiven, überpersönlichen Wahrheit erst zur Mathematik und dann zur Philosophie gekommen. Unumstößliche Gewissheit aber hätte er, wenn überhaupt, nur in der Naturwissenschaft und der ihr zugrunde liegenden Logik gefunden. Damit war klar: Religion war für ihn kein Ort des Halts, kein Ort der Wahrheit, er hat sie am Ende nicht sehr viel anders beurteilt, als es die französische Aufklärung getan hat, nämlich als Blendwerk, als Illusionismus und Priesterbetrug, als Begriffsversagen, als Fehlschlag des Verstandes. Insofern war Russell gewiss ein Atheist, obwohl er selbst gelegentlich von sich sagte, er sei Agnostiker gewesen. Der Atheist, so argumentierte er, glaube zu wissen, dass es keinen Gott gibt, obgleich die absolut sicheren Beweise für dieses Wissen fehlen; der Agnostiker hingegen halte, solange sie fehlen, sein Urteil zurück.

Russells Religionskritik teilt die reduktionistische Sichtweise der traditionellen Aufklärung. Das meint nicht nur, dass er dort, wo er über Religion spricht, stets auch ihre alten und neuen Repräsentanten, die Kirchen und Priester, die Frommen, die Frömmler und die Heuchler im Sinn hat. Er geht nicht ganz fehl, wenn er, nicht viel anders als sein Landsmann John Locke, feststellt, dass die Kleriker immer gegen den Fortschritt von Wissenschaft, Moral und Humanität, dass sie immer Helfershelfer der Mächtigen gewesen seien. Über all das schreibt er, wie Golo Mann in einem einprägsamen Porträt hervorhebt, ähnlich wie Voltaire; mit demselben Zorn, demselben

Witz, mit derselben Treffsicherheit das Obskurantistische und Groteske in den Mittelpunkt rückend. „Und da fand er nur allzu viel“, so Golo Mann, „da wurde das Spiel ihm leicht gemacht. Wahr ist, dass er auch ganz anderes hätte finden können, zum Beispiel die aufbauenden, die zivilisatorischen, die humanisierenden Leistungen des Christentums. Aber Einseitigkeit war immer das Recht der Polemik, zumal der witzigen.“

Mein Einwand gegen Russells Art von Religionskritik richtet sich weniger gegen die Einseitigkeit als vielmehr gegen den Maßstab, den er anlegt. Indem er Glaubensvorstellungen wie Wirklichkeitsbehauptungen behandelt und ihren Wahrheitsgehalt gleichsam wie ein Experimentalphysiker prüft, mit Mikroskop, Teleskop und Stethoskop, zeigt sich ihm nirgendwo etwas Fassbares. Und indem er versucht im sakralen Vokabular einen profanen Sinn zu entdecken, den man rein logisch erörtern kann, oder indem er versucht Heilsbotschaften dadurch zu retten, dass er sie auf Moralvorschriften reduziert, gerät ihm das spezifisch Religiöse von vornherein aus dem Blick. So wird man den Verdacht nicht los, dass er zum Kern der Dinge gar nicht vordringt.

Doch was ist dieser Kern, was könnte er sein? Rudolf Otto spricht von der „Erfahrung des Heiligen“. Es begegne in zweierlei Gestalt, als „Mysterium fascinosum“ und als

„Mysterium tremendum", als Geheimnis, das die menschliche Seele in Begeisterung und Entzückung, und als Geheimnis, das sie in Erschrecken und Erschauern versetzt. In beiden wurzelt das Bedürfnis nach Anbetung, und aus ihnen erwächst es auch. Es führt hin zum gemeinschaftlichen Ritus, in dem das Numinose in Ehrfurcht zelebriert wird. Nicht nur das Christentum, jede Religion transzendiert die Grenzen der Sichtbarkeit des Gegebenen. Sie imaginiert die Welt als einen göttlich geordneten Kosmos, als ein Universum, in dem alles einen Sinn hat, auch der Schrecken, auch die Angst.

Die mit Sinn ausgestattete Welt ist „das Geschenk schlechthin der Religion", sagt der polnische Philosoph Leszek Kołakowski. Aussagen über eine solche Welt sind nicht falsifizierbar. Aber auch nicht verifizierbar, jedenfalls nicht für Außenstehende. Mit wissenschaftlichen Begriffen von Erkenntnis ist ihnen nicht beizukommen. Zum Aufweisen und Verstehen braucht es das theologische Denken.

Das aber gibt es in vielerlei Formen. Diejenige, der ich zuweilen zuneige, ist eine Art Kunst der Mutmaßung, eine Ars coniecturalis, welche die religiöse Welt betrachtet wie eine Welt des Als-ob. Als ob es Gott gäbe, als ob es Engel, Teufel und Dämonen gäbe, die Unsterblichkeit, die Auferstehung der Toten, die Vorsehung, den Fluch und den Segen, das Gericht, die Gnade, die Erlösung und die Vergebung, als ob es das alles gäbe. Und Epiphanien noch dazu. Das religiöse Denken, so gesehen, navigiert in einer Sphäre des Hypothetischen und Konditionalen. Es handelt sich um eine Theologie in Schwebelage. Ihr Motto könnte lauten: Ein fruchtbarer Konjunktiv ist besser als ein unfruchtbarer Indikativ.

Das gilt auch für den Gedanken der Geschöpflichkeit aller irdischen Wesen. Es mag ja sein, dass Gott eine Idee des Menschen ist. Aber zu dieser Idee gehört es, dass nicht Gott eine Idee des Menschen, sondern der Mensch eine Idee Gottes ist. Nicht wir sind seine Gestaltgeber, sondern er hat uns Gestalt gegeben.

Könnten nicht auch wir, die zweiflerischen, transzendenzentwöhnten Zeitgenossen der modernen Welt, einen solchen Gesichtspunkt gelten lassen? Als Versuch, die religiöse Welt anzunehmen gleich einer vorgestellten Welt, einem Metaphernsturm. Als ein großes metaphysisches Imaginarium, das unser Bewusstsein bereichert? Ein Als-ob, das es ermöglicht, wenigstens in ein indirektes, gleichnishaftes Verhältnis zur Gottesrede zu gelangen? Nicht nur, dass so der Horizont für Heilswissen und religiöse Erfahrung und am Ende auch für ein „Es ist“ offengehalten würde. Sinnbilder und Metaphern sind mehr als nur rhetorischer Schmuck. Sie sind ein eigener, echtgeborener

Zweig der Wahrheit. Sie erlauben uns, außerhalb von Philosophie und Wissenschaft, Fragen an den Menschen, seine Existenz und Geschichte, sein Sollen und Sein zu stellen, die zu einer höheren Stufe von Wahrnehmung und Empfindung führen. Es ist doch wie im Reich der Kunst. Die Figuren sind lebensvoll, die Fiktionen sind welthaltig. Die vorgestellte Welt hat orientierende Kraft für die
 wirkliche Welt. Und Orientierung braucht der Mensch, auch wenn er Agnostiker oder Atheist ist. Er ist das einzige Geschöpf auf Erden, das sie braucht. Die Tiere haben den Instinkt. Sie wissen *nicht*, dass sie nichts wissen. Der Mensch, das sokratische Tier, weiß, dass er nichts weiß. Und über allem – so glauben die einen und bestreiten die andern – thront einer, der weiß, dass er weiß.

Von diesem Wissen machen wir uns keine Begriffe, und können es nicht, da es unsere Geisteskapazität auf unvorstellbare Weise übersteigt. Was wir aber glauben, ist, dass das Wissen Gottes nicht zuletzt ein Wissen über uns ist. Und das bis hinein in die verborgensten Ecken unseres Innern. „Herr, der du aller Herzen kennst" (Apg 1,24), lautet eine der Hauptstellen für den theologischen Topos der Kardiognosie, der Herzenserkenntnis Gottes. Gemeint ist, wie Klaus Berger kommentiert, „dass Gott lückenlose Klarheit über jeden Winkel des Herzens besitzt, denn er ist Schöpfer und Richter".

Dieses „denn du allein kennst das Herz aller Menschenkinder“ (1 Kön 8,39) ist eine der bedeutsamsten Aussagen, die der Mensch über Gott zu machen vermag. Und nicht nur im Indikativ, noch im Konjunktiv hat sie Wahrheit und Kraft.

Der französische Schriftsteller Valère Novarina sagt, dass „Gott die vierte Person Singular ist“. Wir ahnen, was gemeint ist. Gott ist kein Zentrum der Gewissheit. Er ist das Zentrum einer Frage, einer Bitte, eines Rätsels. Ein großer Dichter notierte einmal, als es um das poetische Sprechen über Gott ging: „statt des Besitzes erlernt man den Bezug“. Und dieser Bezug wirkt wie ein Ferment. Er weitet den Raum, er dehnt die Zeit. Den Raum, der um uns ist, den Raum, der in uns ist. Die Zeit, die vor uns war, die Zeit, die nach uns kommt. So verstanden, bewirkt das Religiöse ein Sichöffnen für eine weit über unser Ich hinausweisende Dimension von Sinnhaftigkeit.

Das 20. Jahrhundert endete mit der weltweiten Freude über den Fall des Kommunismus, das 21. Jahrhundert begann mit der weltweiten Angst vor dem Wandel des Klimas. So ging das Ende der utopischen Verheißung allmählich über in den Anfang der apokalyptischen Befürchtung. Zu den steigenden Temperaturen kommen die nicht endenden Pandemien und die nicht abreißenden Migrationsströme. Inzwischen hat sich eine vierte, eine alte Angst, von der wir glaubten, sie liege hinter uns, von Neuem eingestellt: die vor Krieg und Gewalt. Und damit die Ahnung eines fundamentalen Vertrauensverlusts unter den Menschen, einer ganz neuen Dimension von Argwohn und Lüge in der Welt.

Als tatsächlich apokalyptisch, will sagen katastrophisch, schreckensreich, furchteinflößend, können wir die Coronapandemie, bei aller Gefährlichkeit, die sie hat, bei allen Leiden, die sie verursacht, noch nicht bezeichnen. Dazu sind wir – verglichen mit dem, was etwa auf Dürers Holzschnitt „Die vier apokalyptischen Reiter“ als göttliches Strafgericht über die zu Boden stürzenden Menschen hinweggaloppiert, nämlich Krieg, Pest, Hunger und Tod – doch zu glimpflich davongekommen. Außerdem haben wir uns zu helfen gewusst und werden es weiterhin wissen.

Aber sind Massenmigration und Coronakrise vielleicht nur Vorboten, das Menetekel für etwas, das noch kommt und das weit schlimmer ausfällt? Ich spreche von der heraufziehenden Klimakrise, vom drohenden Versiegen des Golfstroms, von starken Stürmen, langen Dürren, großen Überflutungen, vom Auftauen der Permafrostböden, vom Schmelzen des polaren Eises und dem albtraumhaften Ansteigen des Meeresspiegels. Hier gewinnen die Voraussagen – nicht von Sehern, sondern aus der Forschung (der Schriftsteller Ulrich Horstmann nennt sie „das verhängnisorientierte wissenschaftliche Hochrechnungswesen“) – inzwischen tatsächlich den Charakter apokalyptischer Prophezeiungen. Und an manchen Orten schon Wirklichkeit und Wahrheit. Ende Juni 2021 wurden in der Ortschaft Lytton in der westkanadischen Provinz British Columbia sage und schreibe 49,6 Grad Celsius im Schatten gemessen. Drei Tage später wurde das Dorf von einer

Feuerwalze überrollt. Die Einwohner mussten fliehen, Hals über Kopf. So gut wie alles, was sie besaßen, wurde ein Raub der Flammen. Komplett verkohlte Häuserreihen und Straßenzüge, der Ort zu neunzig Prozent zerstört.

Und drei Wochen darauf das Gegenstück in Deutschland. Zwei Tage Starkregen in Nordrhein-Westfalen und Rheinland-Pfalz. Die Wassermassen haben zwei kleine Flüsse, die Ahr und die Erft, in rasender Geschwindigkeit auf Rekordpegel ansteigen lassen, zum Überlaufen gebracht und zu gewaltigen Überschwemmungen und Erdrutschen geführt, die besonders die Orte Ahrweiler und Erftstadt schwer in Mitleidenschaft gezogen haben. Mehr als hundertachtzig Tote, verseuchter Schlamm, weithin ruinierte Häuser, Straßen, Bahngleise, Brücken, Strom- und Gasleitungen, Fabriken und Krankenhäuser waren die Folge.

Nicht wenige, die in Kanada das Feuerinferno durchmachten, werden gedacht haben, dass das die Anfänge hyperletaler Hitzewellen sind. Und nicht wenige, die in Deutschland das Wasserinferno erlitten, werden gedacht haben, dass so moderne Sintfluten aussehen. Und dass das eine wie das andere ein Zeichen dafür ist, dass unser Aufenthalt auf Erden ein tragisches Ende nehmen könnte.

Apokalypse heißt Enthüllung, Offenbarung. Was offenbart sich hier? Der Dichter und Theologe Johann Gottfried Herder hat einmal in einem hochfliegenden Wort vom Menschen als dem ersten Freigelassenen der Schöpfung gesprochen. Heute erst zeigt der Satz seinen diabolischen Doppelsinn. Der Freigelassene der Schöpfung, der aus ihr Herausgetretene, der nicht mehr an sie Gebundene. Der Mensch, die Krone der Schöpfung, entpuppt sich als Parasit der Erde, als Irrläufer der Evolution. Und die Erde schickt sich an, ihn abzuwerfen.

Wir kennen alle die berühmten Verse aus Bertolt Brechts Exilgedicht „An die Nachgeborenen“, geschrieben zwischen 1934 und 38 im dänischen Svendborg:

> Was sind das für Zeiten, wo
> Ein Gespräch über Bäume fast ein Verbrechen ist
> Weil es ein Schweigen über so viele Untaten einschließt!

Natur als Gegenstand der Poesie, so die politische Botschaft, ist nur zulässig, wenn das gesellschaftliche Unheil aufgezeigt wird. Und nun scheint es so zu kommen, dass gesellschaftliches Unheil künftig direkt durch Naturunheil hervorgerufen wird, ein Unheil, das nicht durch die Natur selbst verursacht, sondern durch menschliche Einwirkung auf sie mitverursacht ist. Gespräche über Bäume werden immer öfter zu Gesprächen über brennende Bäume. Auf griechischen Inseln wurden unlängst Kirchenglocken geläutet, um Menschen zu evakuieren. Im Nu wurde dort ein Sommerwald zu Winterwald – nur ohne Schnee und Kälte. Stattdessen Asche und verbrannte Erde.

Augenscheinlich befindet sich der Metabolismus zwischen Mensch und Natur an einem schicksalshaften Wendepunkt. Wir leben mehr und mehr in der gleichsam mythischen Befürchtung, dass es mit der Duldsamkeit der Natur zu Ende geht, dass uns Wetter und Himmel dafür strafen werden, dass wir im Aussaugen, Verschmutzen und Vermüllen, im Versiegeln und Vergiften, im Bebauen und Besiedeln der Erde, kurz im herrschsüchtigen Industrialismus der Massenzivilisation zu weit gegangen sind.

In der heutigen Wirtschaft, so Klaus Michael Meyer-Abich, der 2018 verstorbene Naturphilosoph, tun die Menschen so, als seien sie irgendwann als interplanetarische Eroberer auf die Erde hinabgeschwebt, um es sich dort eine Zeit lang möglichst gut gehen zu lassen, und als könnten sie, wenn nichts mehr zu holen ist, auf demselben Wege wieder verschwinden.

Flucht ins Weltall, wenn man so will, und Milliardäre wie Jeff Bezos, Richard Branson und Elon Musk sind im Begriff, sie exklusiv anzutreten.

Damit sind wir mittendrin im Sorgenzentrum der Gegenwart. Hat das 20. Jahrhundert – in Gestalt von Hitlerismus und Stalinismus – das Grundvertrauen in die menschliche Zivilisation erschüttert, droht das 21. Jahrhundert das Grundvertrauen in die Natur zu zerstören.

Inzwischen macht sich die Erkenntnis breit, dass ein neues Erdzeitalter begonnen hat, das Anthropozän, und dass bestimmte Reaktionen der Natur erstmals eine Folge menschlicher Rückwirkungen auf sie sind. All diese Dinge und besonders die Erderwärmung und was aus ihr folgt machen mehr und mehr Angst. Ist sie berechtigt? Ich fürchte – nüchtern betrachtet und ohne die Maske der Kassandra anzulegen – ja.

Über Angst wird ungern gesprochen, denn sie scheint, da mit Gefühlen der Ohnmacht, Beklemmung und Hilflosigkeit verbunden, den Menschen zu lähmen und zu erniedrigen. Die Leute denken, Angst sei etwas für Feiglinge, eine Obsession der Schwäche. Sie sei ein Faktum der Entmutigung. Doch dem ist nicht so. Es gibt auch einen Mut zur Angst. Angst ist keine Störung, sie wird durch bedrohlich wirkende Signale der Umgebung geweckt, sie ist eine instinktive Form der Wahrnehmung von akuter und von künftiger Gefahr. Man könnte fast sagen, sie warnt, zügelt und züchtigt den Menschen. Und so stellt sich – besonders wenn man an die Kirche denkt – die Frage: Sollte man sie, die Angst, nicht zum Angelpunkt einer dem Ernst der Lage angemessenen Spiritualität machen? Von Gottesdiensten, die das Bewusstsein der Bedrohung schärfen, das Gefühl der Gefährdung vertiefen? Denn ohne Angst, ohne das Vor- und Mitwissen der Angst, ohne ihre Nähe zur Wahrheit sind wir, um an ein Wort des Philosophen Günther Anders zu erinnern, „apokalypseblind".

Doch höre ich schon den Einspruch der Theologen, Angst dürfe niemals die Grundlage des Glaubens sein.

Christen bauen auf Liebe, auf Hoffnung, auf Vertrauen in Gott als Fundament der Hoffnung, und sei es am Ende die Hoffnung verzweifelt Hoffender.

Doch vergessen wir nicht, dass die alte, vertraute christliche Hoffnung *nicht* mit der diesseitigen Apokalyptik verbunden war, sondern mit der biblischen. In der Heiligen Schrift gibt es mindestens zwei davon, im Alten Testament das Buch Daniel und im Neuen Testament die Offenbarung des Johannes. In beiden artikulieren sich nicht nur bildmächtige Gesichte göttlich beorderter Schrecken zum einbrechenden Ende der bisherigen Welt, des alten Äon, sondern auch Gesichte einer messianischen Rettung, einer neuen Welt, des neuen Äon. Die Johannesoffenbarung, geschrieben in der Zeit römischer Christenverfolgung, endet mit der Vision des himmlischen Jerusalem, das Buch Daniel, dessen Geschehnisse sich während der Babylonischen Gefangenschaft der Juden ereignen, endet mit der Vision des aus den Wolken herniederschwebenden Menschensohns und der Vorhersage, dass die Gerechten des Volkes Israel aus den Gräbern auferstehen werden zu ewigem Leben.

Der Zweck der apokalyptischen Literatur, so der jüdische Religionswissenschaftler Pinchas Lapide ganz unpathetisch, „ist zweifach: Trost zu spenden über das Elend *heute* – mittels der Belehrung über das Unheil von morgen, dem das Heil von übermorgen unverzüglich folgen muss“.

Was aber, wenn – wie in der säkularen Apokalyptik – keine Rettung, kein Heil von übermorgen verheißen wird? Wenn folglich die Erwartung dunkler Fatalität jeden Versuch, auf religiöse Weise an neue Anfänge zu glauben, unausführbar macht? Gleichsam das Kreuz ohne Auferstehung, Karfreitag ohne Ostersonntag. Dann stünden wir an einem Punkt, wo es nirgendwo transzendenzverbürgte Hoffnung mehr gibt. Und wo allein die Angst der irdischen Wesen bleibt. Nicht die neurotische, sondern die reale, die mit der Furcht verschwisterte Angst.

Im Umgang mit der Realangst sind uns drei Reaktionen vertraut, verkleinern, vergrößern oder bannen. Angst verdrängen macht blind *für* Gefahr. Angst schüren macht zittern *bei* Gefahr. Angst bannen macht stark *in* Gefahr.

Ins Politische gewendet: Angst ignorieren führt zu Illusionismus. Angst schüren zu Machiavellismus. Angst bannen zu Wachsein und Besonnenheit.

Das „führt zu“ gilt auch andersherum: Ignoranten – nach dem Motto, dieser Kelch wird schon an uns vorübergehen – drängen auf Angstvergessen; Machiavellisten – nach dem Motto des Namensgebers „Wer die Ängste der Menschen lenkt, wird Herr ihrer Seelen“ – drängen auf Angstschüren; Wache und Besonnene – ganz ohne Motto – drängen auf Angstbannen.

Als Gebot der praktischen Vernunft bleibt nur das Dritte, die Mitte zwischen den Extremen, nämlich das kluge, pragmatische Bannen der Angst. Ansonsten wird *sie* uns in *ihren* Bann schlagen. Soll heißen, dass wir uns von ihr überwältigen lassen. Wir müssen in unserer Lage Angst sowohl respektieren als auch bezwingen. Nicht nur um der Schreckensspirale des Prognosen-Alarmismus zu widerstehen, sondern auch dem Doom Scrolling. Doom, englisch, steht für Untergang, Scrolling für das Verschieben von Bildausschnitten auf den Displays unserer Smartphones. Doom Scrolling ist der obsessive Drang, unentwegt düstere, ja dystopische Nachrichten im Netz zu konsumieren. Es befeuert das, was man inzwischen weltweit Climate Anxiety, Klima-Angst, nennt. Doch auch dem Gegenteil, dem Fünfe-gerade-sein-Lassen, gilt es zu trotzen, der Vogel-Strauß-Mentalität. Der Dichter Hanns Cibulka, der nicht auf Gelassenheit, nicht auf stoisches Warten und Abwarten setzen wollte, schrieb schon Anfang 2000: „Obwohl die Temperaturen nur langsam steigen, fühlen wir bis in die Fingerspitzen die Bedrohung. In allen Dingen wächst verdeckt die Angst."

Aber wie und mit welchen Mitteln will man sich dem unheilschwangeren Ganzen, von dem wir schon seit drei Jahrzehnten wissen, überhaupt entgegenstellen? Jetzt spreche ich nicht von Aktivismus, nicht von Politik, nicht von Wissenschaft, nicht von Maßnahmen der sogenannten Klimarettung wie der Reduzierung des anthropogenen Anteils am CO_2-Gehalt der Atmosphäre und der daran geknüpften Hoffnung, den Treibhauseffekt und damit die Erderwärmung zu stoppen. Die Angst, die tückische, sagt uns ja gerade: Das Drama ist nicht aufzuhalten, was auch immer wir dagegen unternehmen. Die Gewichte, die zu stemmen wären, sind zu groß. Kaum dass es uns gelingen werde, den Lauf der Dinge zu verzögern, von Richtungsumkehr nicht zu reden. Der alles andere als apokalypseblinde Rudolf Bahro meinte einmal: „Es ist, als wollten wir uns mit Tonnen Blei an den Füßen aus einem Schiffbruch retten."

Hier stellt sich nun erneut die Gottesfrage, eine Frage, von der so viele dachten, dass sie längst hinter uns liege. Sie geht übrigens auch Agnostiker und Atheisten etwas an. Selbst wenn wir nichts von der Angst wüssten, eines wissen wir: Angst lehrt beten. Auch diejenigen, die zuvor noch nie gebetet haben. Und nicht nur das. Beten zu Gott – gleichviel ob er vom Betenden im Status des „Er ist" geglaubt oder im Status des „Als ob" vorgestellt wird – ist auch ein wirksames Mittel dagegen. Die Angst *drückt* von außen nach innen, das Gebet *löst* von innen nach außen. Ohne Beten kein Bannen, kein Besänftigen der Angst. Das gilt auch für das Singen. Von Augustinus stammt der Satz: „Wer singt, betet doppelt." Psalm 107 spricht von jenen, „die dann zum Herrn riefen in ihrer Not, und er errettete sie aus ihren Ängsten".

Angst und Angstbeschwichtigung führt überdies zu größerer Tiefe im Gebet und damit zu stärkerer seelischer Wirkung. Luther, der täglich mehrere Stunden betete, schreibt im „Großen Katechismus": „Wo ein rechtes Gebet sein soll, da muss ernst damit sein, dass man seine Not fühlt, und zwar eine solche Not, die uns drückt und treibt zu rufen und zu schreien."

Das Als-ob als Denkfigur der Religion hat als Erster der aus einem protestantischen Pfarrhaus in Meuselwitz stammende Kantianer Friedrich Karl Forberg (1770–1848) in die deutsche Debatte eingebracht. Seine Abhandlung „Entwickelung des Begriffs der Religion" von 1798, erschienen in dem von Fichte und Niethammer herausgegebenen „Philosophischen Journal", löste zusammen mit Fichtes zur Erläuterung vorangestelltem Aufsatz „Über den Grund unseres Glaubens an eine göttliche Weltregierung" den berühmten „Atheismusstreit" aus, in dessen Folge Fichte seine Jenenser Professur verlor.

Forbergs grundsätzlicher Standpunkt tritt gleich im ersten Satz zutage: „Religion ist nichts anderes als ein praktischer Glaube an eine moralische Weltregierung; oder um denselben Begriff in einer bekannten geheiligten Sprache auszudrücken, ein lebendiger Glaube an das Reich Gottes, welches kommen wird auf die Erde." Das Entscheidende ist nicht, dass bei Forberg der Begriff der Gottheit mit dem des moralischen Weltregenten in eins fällt und sich so eine auf Ethik reduzierte und mit der Aufklärung kompatible Theologie der sittlichen Würde des Menschen ergibt. Das Entscheidende liegt in dem Wort „praktischer Glaube". Sein Gegenstück ist der „theoretische Glaube". Vom theoretischen Glauben aber sagt Forberg, dass man Gottes Existenz, sein Dasein als moralischer Weltregent, nicht erweisen könne. Sein Nichtdasein allerdings auch nicht.

Wie sieht das Denken und Empfinden, wie das moralische Handeln eines in diesem Sinne religiösen Menschen aus? Forberg schreibt: „Glaube, dass nichts Gutes, was du tust oder auch nur entwirfst, sei es noch so klein und unmerklich und unscheinbar, verloren gehe in dem regellosen Laufe der Dinge! Glaube, dass dem Laufe der Dinge ein, dir freilich unübersehbarer, Plan zum Grunde liegt, in dem auf das endliche Gelingen des Guten gerechnet ist! Glaube, dass das Reich Gottes, das Reich der Wahrheit und des Rechts, kommen wird auf die Erde, und trachte du nur danach, dass es komme! Glaube, dass eben auf das Trachten von dir Einzelnem alles berechnet ist und dass ein erhabener Genius über das Schicksal waltet, der alles, was du beginnst, vollendet, vielleicht erst nach Jahrhunderten vollendet! Glaube, dass auf jeden Schritt, den du um der guten Sache willen tust, scheint er dir auch noch so verloren, im Plan der Gottheit von Ewigkeit gerechnet ist, dass du jeden deiner Tage für die Ewigkeit lebst, und dass es bloß von dir abhängt, jeden Tag für das Beste der Welt auf ewig zu gewinnen oder auf ewig zu verlieren! Es ist wahr, du kannst von dem allen nicht szientifisch beweisen, dass es so sein müsse, aber genug, dein Herz sagt dir, du sollst so handeln, *als ob* es so wäre, und wenn du handelst, so zeigst du eben dadurch, dass du Religion hast! Dies ist die Art und Weise, wie Religion in dem Herzen eines guten Menschen entsteht und allein entstehen kann. Der gute Mensch *wünscht*, dass das Gute überall auf Erden herrschen möge, und er *fühlt sich* in seinem Gewissen *verbunden*, alles zu tun, was er kann, um diesen Zweck bewirken zu helfen. Dass dieser Zweck möglich sei, *weiß* er zwar *nicht*, nämlich er kann es nicht beweisen. Indessen kann er auch die Unmöglichkeit davon nicht erweisen."

Man sieht, Forberg hat hohe Begriffe von der ethischen Dimension des religiösen Gefühls. Was er nicht hat, ist ein im Glauben oder Glaubenswissen gesicherter bzw. begründbarer Begriff von Gottes Existenz. An diesem Punkt greift er zum Als-ob, zur Unbestimmtheit. Aber das ist rein theoretisch gemeint. In praktischer Hinsicht gibt es kein Als-ob. Alles ist kraftvoll und entschieden. Forberg geht in seinem moralischen Rigorismus bis zu der Forderung:

„*Religion* ist demnach keine gleichgültige Sache, mit der man es halten kann, wie man will, sondern sie ist *Pflicht*. Es ist Pflicht zu glauben (…) an eine moralische Weltregierung oder an einen Gott, der die Welt nach moralischen Gesetzen regiert. Nur ist dieser Glaube keineswegs insofern Pflicht, wiefern er *theoretisch*, das heißt eine müßige *Spekulation* ist, sondern bloß und allein insofern, wiefern er *praktisch*, das heißt wiefern er *Maxime* wirklicher Handlungen ist. Mit anderen Worten: es ist *nicht Pflicht zu glauben*, dass eine moralische Weltregierung oder ein Gott als moralischer Weltregent existiert, sondern es ist bloß und allein dies *Pflicht, zu handeln, als ob man es glaubte*."

Ich kann und will hier nicht näher auf Forberg eingehen, nicht darauf, was es für eine theologische Einschränkung bedeutet, Religion lediglich als praktischen Glauben aufzufassen, nur als Weise des Handelns und nicht als Zustand der Betrachtung, nicht als Form der jenseitigen Erschließung, sondern allein als Akt der diesseitigen Entschließung. Quelle der Religion war für Forberg, wie schon für Kant, die Reinheit der Gesinnung, die ethische Bewährung, die mit dem Erleben des Gewissens verbundene Vorstellung einer göttlichen Stimme im Menschen. Alles Darüberhinausgehende schob er beiseite. Mit dem Offenbarungsglauben hatte er schon in jungen Jahren gebrochen. In seinem „Lebenslauf eines Verschollenen" erzählt

er von Eichhorns „Einleitung in das Alte Testament“: „Ich verschlang dieses Buch, worin mir alles neu war und unzählige Dinge zur Sprache kamen, die mich aufs Höchste interessierten und meinem philologischen und kritischen Sinn ein unermessliches Feld eröffneten. Zudem war darin nie von der Bibel als von einer Offenbarung die Rede, wodurch mir ein schwerer Stein vom Herzen fiel. Denn dass Wunder, Weissagungen, Offenbarungen immer umso
mehr Glauben finden, je finsterer die Zeiten, und umso weniger, je heller diese werden, war mir schon lange bedenklich gewesen. Manche Wundergeschichten, wie die als Mauern stehenden Fluten des Roten Meeres und des Jordans bei dem Durchgang der Israeliten, Josuas Befehl an die Sonne, stillzustehen, Bileams redende Eselin, des Teufels Gespräch mit Jesus und dessen Zank mit dem Erzengel Michael über den Leichnam Mosis, vermochte ich auf keine Weise zu verdauen. Verwarf ich aber die eine, so war der Kredit aller, mithin auch der Bibel als göttliche Offenbarung dahin.“

Forbergs Als-ob-Reflexion, die sich hinsichtlich ihrer Grundlagen auf entsprechende Passagen bei Kant stützte, war lange vergessen und hat erst siebzig Jahre später Schule gemacht. Ich meine Hans Vaihinger und sein achthundert Seiten starkes Buch „Die Philosophie des Als Ob“. Entstanden in den Jahren 1876 bis 1878, erschien es erst

1911. Vaihinger, Pastorensohn wie Forberg, geboren 1852 in Nehren bei Tübingen, gestorben 1933 in Halle an der Saale, begründete 1897 die Kant-Studien und 1904 die Kant-Gesellschaft. Beide existieren, wenn auch in veränderter Gestalt, noch heute.

Die Hauptsache in Vaihingers Buch ist eine ausführliche Erörterung der Als-ob-Lehre bei Kant. Inwieweit seine Sicht auf Kant bis ins Letzte zutrifft, bleibe dahingestellt. Hier interessiert lediglich Vaihingers eigener Standpunkt. Obwohl der Autor, wie Heinrich Scholz in seinem Buch „Die Religionsphilosophie des Als-ob“ von 1921 betont, auf eine systematische Darstellung seiner religionsphilosophischen Anschauungen verzichtete und sich damit begnügte, sie gleichsam nebenbei zu entwickeln, ließen sie sich doch präzise aus seinen Analysen Kants, Forbergs und Friedrich Albert Langes herausdestillieren. Und genau das hat Heinrich Scholz auch getan.

In zwölf thesenartigen Sätzen spricht er Vaihingers Religionsphilosophie aus. Erstens: Im Zentrum der Religion stehe der Gottesglaube. Zweitens: Die empirische Religion verstehe unter dem Gottesglauben den Glauben an das Dasein Gottes. Drittens: Dieser Glaube sei sinnlos; denn es gebe keinen Gott. Viertens: Die Aufhebung dieses Glaubens sei aber nicht gleichbedeutend mit der Aufhebung der Religion. Fünftens: Religion im Vollsinne des Wortes sei mehr als bloßer Gottesglaube; sie sei die Gestaltung des Lebens durch diesen Glauben. Die Lebensgestaltung sei gewissermaßen der Ausweis der Religion. Sechstens: Dann aber sei es gleichgültig, ob der Gottesglaube den Glauben an ein wirkliches oder an ein imaginiertes Wesen bedeutet. Entscheidend sei lediglich seine praktische Wirkung auf das Gemüt und durch das Gemüt auf die Lebensführung. Siebtens: Da nun von einer Wirklichkeit Gottes schlechterdings nicht die Rede sein könne, so müsse der Gottesglaube als Glaube an ein imaginiertes höchstes Wesen definiert werden. Achtens: Folglich sei die Religion zu bestimmen als die mit der Einsicht in das Nichtsein des Göttlichen verknüpfte Gestaltung des Lebens durch den imaginären Gottesglauben, das heißt: durch die Einführung der Gottesfiktion. Neuntens: Dieser imaginäre Gottesglauben könne wegen seiner ausschließlich praktischen Bedeutsamkeit auch im prägnanten Sinne des Wortes als „praktischer" Gottesglaube charakterisiert werden. Dann ergebe sich durch Substitution der Satz: Religion ist die mit der Einsicht in das Nichtsein des Göttlichen verknüpfte Gestaltung des Lebens durch den „praktischen" Gottesglauben. Zehntens: Dieser „praktische" Gottesglauben bedeute so viel wie: leben, als ob es ein höchstes Wesen gäbe, dem man Rechenschaft schuldig ist, obschon man weiß, dass es ein solches Wesen nicht gibt. Elftens: Folglich könne man auch sagen: Religion ist diejenige Gestaltung des Lebens, die sich aus der Fiktion ergibt, als ob es ein höchstes Wesen gäbe, dem man Rechenschaft schuldig ist, obschon man weiß, dass ein solches Wesen nicht existiert. Zwölftens: In diesem Sinne sei die Religion nicht nur ein annehmbarer Tatbestand, sondern eine praktisch notwendige und unentbehrliche Funktion des menschlichen Geistes. Sie sei die durch die Gottesfiktion charakterisierte sittliche Lebenshaltung des Menschen.

Vaihinger kam in den Vorbemerkungen zur Einführung in sein monumentales Werk auf die Erwartungen zu sprechen, die er selbst an seine Religionsphilosophie geknüpft hat. Er betont, dass sie den hohen ästhetischen und ethischen Wert der religiösen Fiktionen anerkenne und entschieden für deren Aufrechterhaltung eintrete, dass sie die religiösen Vorstellungen als schöne Mythen festhalte und dass nach deren ‚Wahrheit' im gewöhnlichen Sinne zu fragen ebenso plump sei, als selbige zu behaupten. „So kann sie, die ‚Philosophie des Als-ob', allen jenen Unzähligen eine Lösung und Erlösung bringen, welche, einerseits durch die auflösende Kritik der Aufklärung irre gemacht, andererseits scheu gemacht durch die starren Formeln der Orthodoxie, sich äußerlich und innerlich bedrängt fühlen. Die ‚Als-ob-Betrachtung' kann ihnen inneren und äußeren Frieden bringen."

Ein besonderes Verdienst Vaihingers war es, im Zusammenhang mit der Als-ob-Lehre an den Neukantianer Friedrich Albert Lange und sein zuerst 1865, dann in zweiter, verbesserter und vermehrter Auflage 1873 bzw. 1875 erschienenes zweibändiges Werk „Geschichte des Materialismus und Kritik seiner Bedeutung in der Gegenwart“ zu erinnern. F. A. Lange, geboren 1828 in Wald bei Solingen, gestorben 1875 in Marburg, auch er Pfarrerssohn, hat sich darin unabhängig von Kant und Forberg und ohne die Figur des Als-ob ins Spiel zu bringen, gleichfalls zur Fiktionalität der religiösen Welt bekannt. Am Ende des zweiten Bandes wirft er die Frage nach der näheren und ferneren Zukunft der Religion auf und spricht sich für deren radikale Vergeistigung aus. Er plädiert für „die Erhebung der Religion in das Gebiet des Ideals“, dafür, sie „mit der Kunst zusammenzustellen“ und dadurch dem alten Streit zwischen Naturwissenschaft und Theologie ein friedliches Ende zu bereiten. Es müsse an sie „ein anderer Maßstab des Fürwahrhaltens angelegt“ werden als an das Wirklichkeitsbewusstsein der Natur- und Geisteswissenschaft. In der Poesie, so der Autor, „wird der Boden der Wirklichkeit mit Bewusstsein aufgegeben“, und auch bei den religiösen Vorstellungen handele es sich um „bewusste Erdichtungen“. Der „Kern der Religion“ bestehe in der „Überwindung alles Aberglaubens durch bewusste Erhebung über die Wirklichkeit". Gegenüber dem simplen Glauben an die simple Wirklichkeit religiöser Vorstellungen bestehe „das Prinzip der Vergeistigung der Religion" eben darin, diese Vorstellungen bewusst als Mythen zu verehren. Und das heißt, sie nicht zur Wahrheit der Wirklichkeit zu erheben, die Wirklichkeit nicht zu verfälschen. Die Religion der Zukunft könne nur als Dichtung bestehen und be-

stehen bleiben. Da die Poesie nicht die Anerkennung ihrer Werke als Wirklichkeit fordere, dürfe auch die Religion das nicht tun.

Vaihinger hat in F. A. Lange mit Recht einen Bruder im Geiste gesehen, einen Mitwisser in Sachen Fiktionalität, einen Mitstreiter bei der Wendung vom Metaphysischen zum Metaphorischen, einen Mitgenossen im Erleben der Geschwisterlichkeit von Religion und Poesie.

Der Lyriker Christian Lehnert ist ein Mann solcher Geschwisterlichkeit. Religiöse Aufmerksamkeit und religiöse Empfänglichkeit sind für ihn nicht minder fragil als poetische Aufmerksamkeit und poetische Empfänglichkeit. Wie der poetische Zustand eine Art Selbstentflammung des poetischen Bewusstseins, so ist der religiöse Zustand eine Art Selbstentflammung des religiösen Bewusstseins. Die Flamme kann groß, die Flamme kann klein sein. Was aber, wenn sie erlischt? Es gibt kein ewig brennendes Feuer.

Deshalb sein Interesse am Ritus, am liturgischen Sprechen, am Beten, Singen, Deklamieren und Meditieren. Es fungiert nicht nur als Vollzug der Entflammung, sondern auch als ihr Statthalter, als etwas, das die offenbare Gegenwart des unsichtbaren Eigentlichen substituieren kann. Außerrituelle sakramentale Präsenz ist unstet und flüchtig, poetische Präsenz ist es auch. Die eine widerfährt uns als unirdisch, die andere als irdisch. Epiphanien sind sie beide. Doch Epiphanien sind selten. Den Alltag des geistigen Lebens regieren Prosa und Profanum, auch den Werkalltag der Kunst. Nur die sinnende, singende Sprache hält Wache am großen Tor. Damit Poesie und Sakrum nicht unbemerkt passieren. Der Dichter steht im Warten und Erwarten. Er betreut die Geduld. Er verrät nicht den Glauben an das Wissen. Er ist sicher: Schönheit und Güte des Menschen kommen von dem, was er glaubt, nicht von dem, was er weiß.

Was aber glauben wir? Das ist eine der großen Fragen, die Lehnerts Werk durchziehen. Doch ist es bei ihm weniger eine Frage des Zweifels als eine des Offenhaltens. Offenhalten, damit etwas einströmen kann. Alles Verweisen auf das Religiöse geschieht lautlos, wie im Verborgenen, in äußerster Diskretion. Die Poesie unterwirft sich nicht. Gott ist in ihr ein unbewohnter Name, „ein reines, leeres Feld“. An einer Stelle heißt es: „Was ich glaube, ist ganz unverstanden“. Im Gedichtband „Windzüge“ findet sich der Zweizeiler:

> Der Gott, den es nicht gibt, in mir ein dunkler Riß,
> ist meiner Seele nah, sooft ich ihn vermiß.

Das ist glaubhaftes Sprechen von Gott. Aber der Sprechende spricht nicht nur als Suchender, auch als Findender. Nehmen wir die schönen Jamben:

Du bist die Aussicht und du bist das Auge,
das über Auenland und Sümpfe streift,
ein Weg, der nicht zu gehen ist: Der Taube
hört nicht den Wind und folgt den Gräsern, greift

in Wurzelbüschel, und er fühlt sich reich.
Du bist der andere und bist derselbe.
Du bist das grüne Blatt und bist das gelbe.
Du bist, der bleibt, und der, der immer weicht.

Das ist mehr als ein Zwiegespräch der Null-Theologie mit dem ewig abwesenden Gott. In reiner Negativität keimt keine Poesie. Die Verse suchen Anfängliches, Werdendes, Ungesagtes, den aufscheinenden Ursprung. Und sie finden Anklänge, Resonanzen, Spuren der Wahrnehmung und der Erinnerung.

Der 1969 in Dresden geborene und heute in Leipzig lebende Theologe Christian Lehnert ist nicht von Kindesbeinen an mit Religion in Berührung gekommen. Weder in der Familie noch in Schule und Gesellschaft wurden ihm Pfade in die Welt des Glaubens gewiesen. Wie man weiß, war die DDR mehr als ein säkularer, sie war ein prononciert atheistischer, ein die Wissenschaft gleichsam anhimmelnder Staat. Doch nur genehme Wissenschaften waren erlaubt. Die Kirche war für den jungen Lehnert eine abseits liegende Institution. Es hat auch Vorteile, wenn einem der spirituelle Raum, in dem man später seine Begabung erfahren wird, nicht auf konventionelle Weise in die Kindheit hineinragt.

So kann es geschehen, noch als Mensch mit reifem Bewusstsein primären Zugang zu ihm zu finden. Das erleben sonst nur Konvertiten. Erst ist ihnen die ganze Sache fremd, dann wird sie zum Innersten und Eigenen, zu etwas, das sie deutlicher spüren und besser verstehen als die schon lange damit Vertrauten. Lehnert ist einer, der spät zur Religion kam. Er ist gewissermaßen als Erwachsener in sie eingewandert. Einwanderer sind immer auch Auswanderer. Sie verlassen ihr Herkunftsland, weil ihnen dort etwas fehlt.

Was aber fehlt dem, dessen geistige Existenz ohne Gottesbezug ist? Lehnert würde sagen: Es fehlt ihm der Sinn dafür, dass ihm etwas fehlt. Am Ende ist es ein Fehlen am Wort, dem religiösen Wort, dem reinigenden, heilenden, tröstenden, fragenden, verheißenden, verwandelnden Wort, an einem Wort der Zusage, einem Wort, das selig macht und nicht aus Menschenmund ist.

In Lehnerts 2017 erschienenen Buch „Der Gott in einer Nuß. Fliegende Blätter von Kult und Gebet“, eindringlichen Betrachtungen über Gottesdienst und Liturgie, Glaube und Unglaube heißt es an einer Stelle: „Der Mensch erfährt sich selbst vor dem Gott in seinem *Fehlen*. Fehlen – ein vergilbtes Verb mit zwei Grundbedeutungen: des Irrens und des Mangels. Jemand fehlt, heißt es in älterem Deutsch – und das kann heißen: Er begeht Fehler, Verfehlungen; diese können sich verketten zu einer fatalen Logik des falschen Lebens. In der Entfremdung, im verfehlten Leben *fehlt* der Mensch dann auch im Sinne einer Abwesenheit – sein Menschsein, sein eigentliches Wesen ist ihm in seiner Existenz entglitten. In seinen Fehlern fehlt er, fehlt seine Wahrheit.“

Aus solchem Zustand heraus schauen wir auf zu Gott. Aber der Gott, den wir anrufen, ist unsichtbar. Und er antwortet nicht. Und so verdoppelt sich das Defizit, nämlich als ein Fehl auf beiden Seiten. Aber zuweilen glückt doch die Verbindung, sei es von Gott herunter zum Menschen, sei es vom Menschen hinauf zu Gott, und wo sie glückt, ist sie ein Finden im Wort und ein Glauben an das Wort. Auch dort, wo alles schweigend geschieht und die Worte allein im Herzen bewegt werden.

Dass Lehnert nicht nur Seelsorger, sondern vor allem Dichter ist, macht sein Schreiben zu etwas besonders

Kostbarem. Denn was ist der Dichter anderes als ein Hörender, ein auf die Sprache Hörender und in der Sprache Findender, der Sprache als dem „Haus des Seins", wie das berühmte Wort eines berühmten Philosophen lautet. Und das gilt auch für die geistliche Rede und die in sie eingewebte Grammatik der Gesten und Gebärden, in der alles auf das ‚gottgegebene' Sein verweist. Lehnert gelangt zu

einer ganz eigenen Kunst der Auslegung. Ihr Herz bildet die ewige Unruhe des echtgeborenen Fragens nach dem Numinosen. Das ist es auch, was ihn als Geistlichen gegen die von ihm selbst registrierte „ekklesiologische Depressivität" des heutigen Protestantismus immunisiert. Denn niemand anders als die Dichter bewahren sich die Naivität und den metaphysischen Frohsinn des staunenden Kindes.

Lehnerts Gedichte sind eine Art Jakobsleiter, Stufengesang hinauf, Stufengesang hinab, eine traumbewegte, geistbelebte Vertikalität. Sie beginnt bei den Steinen und endet bei Gott. Hören wir:

Als schliefen Steine aus von ihrem Lauschen
nach unten, in das Echo eines Bebens,
es fallen, fallen Reiche all, ein Rauschen
erfüllt den Tunnel, wo die Lichter schweben.

Mein Gott, so fall ich hier in dieses Zittern
der Gleise, und du trägst mich, formst mich fort
von mir und dir, in steter Zugluft wittern
die Tiere Raum, das ungesagte Wort.

Inmitten von Lehnerts Sprache einer lebendigen Frömmigkeit kommt mir der schönste Ausruf des Staunens aus der Scholastik in den Sinn. Er ist von Anselm von Canterbury und lautet: „Gottes Existenz ist unfassbar; aber noch unfassbarer ist Gottes Nichtexistenz."

Vor einem solchen Satz, dessen Wahrheit und Schönheit durch nichts in der Welt bestritten werden kann, ist die Lehre des Als-ob machtlos. So bleibt ihr – als Brückentheologie für religiös Unentschiedene – nur, vom Konjunktiv zurück in den Indikativ zu springen, und sei es in den poetischen Indikativ, den des Fast-nichts. Oder in ihn voraus. Und sich einzugestehen, dass sie selber eine Erfindung ist. Eine Erfindung der Philosophie.

Und genau das, nämlich etwas lediglich Gedachtes, ein Phänomen der Reflexion, ist die lebendige Religion eben nicht. Und auch kein Wunderding der Einbildungskraft, kein Sinnbild erfüllter oder unerfüllter menschlicher Wünsche. Das alles wären in den Augen eines frommen Anhängers nichts als Bloßstellungsversuche. Die lebendige Religion sieht sich anders. Vor allem sieht sie sich nicht als Schöpfung des menschlichen Geistes.

Aber als was sieht sie sich dann? Sie sieht sich als Wirklichkeitserlebnis, als ein Durchbrechendes, als persönliche Erfahrung. Heinrich Scholz, einer der klarsten und tiefgründigsten theologischen Denker des zwanzigsten Jahrhunderts, hat 1922 in der zweiten, neu verfassten Auflage seiner „Religionsphilosophie“ eine Reihe einsichtiger begrifflicher Fassungen ihrer Eigenart gegeben. Religion, sagt er, religiöse Erfahrung, sei „das

‚unirdische' Komplement der irdischen Erfahrung". Der Ausdruck „unirdisch" korrespondiert mit dem, was William James 1902 in seinem Buch „Die Vielfalt religiöser Erfahrung" in dem Satz beschrieb: „Es ist, als gäbe es im menschlichen Bewusstsein ein *Empfinden von Realität, ein Gefühl von objektiver Gegenwart, von ‚da ist etwas'* – eine Wahrnehmung, die tiefer und allgemeiner reicht als irgendeiner der besonderen ‚Sinne', denen die gängige Psychologie das ursprüngliche Entdecken realer Existenz zuspricht."

An solchen Punkten kommt das intuitive Gottesbewusstsein ins Spiel. Es ist das Urphänomen der Religion. Scholz versucht es in drei Kategorien zu fassen: als das schon genannte Unirdische, als das Machtvoll-Erhabene und als das ewig Begehrenswerte. Hier soll es nur um das Erste gehen.

Das Unirdische als Element des Göttlichen dürfe weder als Hinterweltliches noch Überweltliches noch Außerweltliches verstanden werden. Es sei ein innerweltliches Phänomen. Gleichwohl werde es als völliges Für-sich-Stehen erlebt, als etwas, das nie mit der Welt verwechselt werden kann, eben als etwas „ganz Anderes". Am besten vermochten Mystiker wie Angelus Silesius seine Unfasslichkeit zu sagen:

Gott ist ein lauter Nichts, ihn rührt kein Nun noch Hier:
Je mehr du nach ihm greifst, je mehr entwird er dir.

Das lautere Nichts ist antithetisch gemeint, nämlich als das Nichts von allem, was sonst als seiend charakterisiert werden kann. Es selbst aber ist nicht nichtseiend, sondern seiend im höchsten Grade. Es verhüllt und entbirgt sich darin etwas, das unaussprechlich ist, etwas Wunderbares und Geheimnisvolles, etwas, das unsere Seele erfüllt und dem wir mit Ehrfurcht begegnen. Rilkes Verse sprechen davon:

Du hast so eine leise Art zu sein,
Und jene, die dir laute Namen weihn,
Sind schon vergessen deiner Nachbarschaft.

Es bleibt die Frage, wie aus dem „Unirdischen" das Göttliche hervorgeht und woraus sich das Gottesbewusstsein herleitet. Das Unirdische im religiösen Erleben, so Heinrich Scholz, ist nicht nur Eindruck, sondern Erscheinung, nämlich das deutlich gefühlte Bewusstsein, von einer irdischen Realität erfasst zu werden, in der ein „unirdischer" Gehalt durchbricht. Solche Erscheinungen sind „entweder überhaupt nicht oder nur als Offenbarungen denkbar.

‚Offenbarung' ist der einzige Name, der auf den Sachverhalt passt."

Damit ist der Punkt erreicht, von wo aus es mit religionsphilosophischen Begriffen, das heißt mit ergründendem Denken, nicht mehr weitergeht. Der Autor sagt in aller Klarheit: „Wie es möglich ist, dass sich an einer ‚irdischen' Erscheinung, einem ‚irdischen' Erlebnis, ein evident ‚unirdischer' Eindruck entwickelt, bleibt ein Geheimnis – das ‚Geheimnis' der Religion. Es ist ein unbegreifliches Wunder."

Das Bekenntnis zum Wunder, dem Wunder als einem Tun Gottes, so angebracht es sein mag, da es die Scheu vor dem Ernst der Religion wahrt, sollte nicht das letzte Wort einer kontrapunktischen Betrachtung der Glaubenswelt sein. Besonders nicht, wenn sie unter dem Titel einer Kleinen Theologie des Als-ob auftritt.

Wer unwiderruflich von der Unglaublichkeit jedweden Wunders, es sei divinatorisch oder mirakulös, überzeugt ist, mag gut damit leben, denn er weiß sich gedanklich im Einklang mit dem gesetzmäßigen Geschehen in der Welt. Niemand hat das Recht, ihm Erfahrungsarmut zu bescheinigen. Was er aber bedenken sollte, ist der Satz von Heraklit: „Durch seine Unglaublichkeit entschlüpft das Wahre dem Erkanntwerden."

Ich bin einmal vom Unglaublichen eines Wunders überrascht worden. Es geschah in der Berliner Volksbühne am Rosa-Luxemburg-Platz Anfang der Neunzigerjahre nach einem Vortrag des norwegischen Friedens- und Konfliktforschers Johan Galtung. Die Stimmung im Saal war: Verbundenheit. Das Publikum: bewegt wie nach einer Messe. Als wäre Kants Schrift vom Ewigen Frieden als Telos der Geschichte wider Erwarten erreicht. Der Frieden – nie mehr ein Streitfall. Viele blieben noch sitzen, unfähig auseinanderzugehen. So kam ein hochgewachsener Mann mit einer gelben Rose in der Hand auf mich zu und sagte unvermittelt: „Ich möchte Sie segnen." Etwas verlegen erhob ich mich, und er, der unbekannte Fremde, sprach den Segen, assistiert von jener gelben Rose. Wer der Mensch war, habe ich nie erfahren. Was ich jedoch erfuhr, war das Geschenk einer mir zugesprochenen Gnade. Und einer so beseligenden, stummen Freude, als wäre mein Name in den Himmel geschrieben. Das war kein Als-ob-Geschehnis, das war ein Es-ist-Ereignis. Ob der Segnende ein Gesandter des Herrn war, konnte ich nicht wissen und mochte es nicht glauben. Mir reichte die Annahme, er könnte ein Bote gewesen sein. Trocken gepresst und unter Glas gelegt, habe ich die Blume bewahrt. Sobald ich sie betrachte, kommt mir Angelus Silesius in den Sinn:

Die Rose, welche hier dein äußres Auge sieht,
Die hat von Ewigkeit in Gott also geblüht.

MIX
Papier aus verantwortungsvollen Quellen
FSC® C014138
FSC
www.fsc.org

Product footprint
CO_2 Neutral
PBN-CFMCP-015258
www.preferredbynature.org

Zum Schutz der Umwelt verzichten wir bei diesem Buch auf das Einschweißen mit Folie.

www.claudius.de

Umschlaggestaltung: Weiss Werkstatt, München
Gesetzt aus der Adobe Garamond Pro und Lucida Sans
Druck: FINIDR s.r.o, Český Těšín

ISBN 978-3-532-62883-6